W0314590

LA CONFRÉRIE DES **GROS**

À mes parents.

Jean-Christophe Collin

La confrérie des GROS

Secrets et confidences de la première ligne

« Que ces brutes de filles
jouent au rugby,
j'y consens bien volontiers,
mais c'est un sport
qui ne convient guère
aux être délicats que
sont les garçons. »

Oscar Wilde

LA CONFRÉRIE DES GROS

SOM-MAIRE

INTRODUCTION

CHAPITRES

© RANDE / L'ÉQUIPE

LA CONFRÉRIE DES GROS

PRÉ-FACES

L'hommage des trois-quarts aux première-ligne

Franck Mesnel (1987) : le respect.

JEAN GACHASSIN : « Un effort d'intelligence »

« **Jean Prat me disait toujours si tu veux voyager, si tu veux gagner des matchs à l'extérieur il te faut une forte première ligne.** J'ai toujours vécu avec cette idée. Nous, derrière, nous avons une technique de passe, de cadrage-débordement, de vitesse, eux ont une technique égale, mais de petites choses qui te font gagner juste dix centimètres. Mais ce sont les centimètres les plus importants, ceux qui font avancer l'équipe toute entière. Les première-ligne produisent un effort d'intelligence qui ne se voit pas. Mais nous, derrière, on sait. On sait la dette qu'on leur doit. À jamais. Il y a d'ailleurs une admiration mutuelle entre nous, eux voudraient parfois courir vite et nous pouvoir casser une mêlée. C'est merveilleux ce rapport entre nous. J'ai gardé beaucoup d'amis première-ligne et j'adore voir les matchs avec eux, les écouter m'expliquer la mêlée. »

Jean Gachassin (1968) : l'admiration.

FRANCK MESNEL : « Ça doit pleurer parfois, un pilier »

« **Ce sont des éléphants, impressionnants de silence, de masse et d'engagement.** Quand ça part en live, nous, on est au bord de la balustrade et on regarde. Mais on a la moquerie respectueuse, ils le savent et c'est pour cela qu'ils le tolèrent. Les trois-quarts, nous portons le jabot, des collerettes et des combinaisons en daim rouge, et ce sont eux qui ont les armures. Ils sont timides, la tête un peu rentrée dans les épaules, mais autour d'une biérote, parfois t'arrives à les chatouiller sur leur vie. J'aimais bien prendre le temps de discuter avec eux lors des déplacements, en parlant de la famille, de la terre, tu voyais leurs yeux s'allumer. Malheureusement, nous sommes dans une société qui ne les place pas au firmament. Pourtant, c'est important de mettre en avant les plombiers, les menuisiers et pas seulement les informaticiens et les artistes. Parce qu'ils sont l'affrontement, le choc. À la fin de l'entraînement en équipe de France, parfois, Fouroux nous faisait faire des mêlées à nous les trois-quarts pour que l'on comprenne un peu. Au fond, pour moi l'image que je retiens d'eux, c'est Lino Ventura quand il met sa main sous le menton et garde le silence. On sent une énorme énergie rentrée que seule la pudeur retient. Même si ça doit pleurer parfois, un pilier. Enfin, ils ont changé. Aujourd'hui, ils ne font pas que pousser, ils courent partout, ils plaquent, manquerait plus qu'ils parlent… »

PRÉ-FACES

Philippe Saint-André (2005) : la fascination.

SERGE BLANCO : « Je leur dois ma carrière »

« **Le rugby sans eux ne serait pas le rugby.** Ils font tous les sacrifices qui nous permettent à nous, trois-quarts, de nous mettre en évidence. Ce n'est pas vraiment une dette que j'ai envers eux, mais de la reconnaissance car je n'aurais jamais eu la carrière que j'ai connue sans les Garuet, Ondarts, Dospital, Darrieussecq. Ils sont les garants des bases de ce jeu, aujourd'hui comme hier. Un bon pilier aujourd'hui, en termes économiques, vaut plus qu'un trois-quarts. Car même si ce sport a évolué, quelle que soit l'époque, tu ne joues pas au rugby d'amour et d'eau fraîche. Il te faut des gens à la pointe du combat. Une mêlée qui recule, c'est encore et toujours un match perdu. »

Serge Blanco (1991) : la dette.

PHILIPPE SAINT-ANDRÉ « Le début de la chaîne »

« **Moi, j'étais ailier, alors je me trouvais au bout d'une chaîne dont les gros de la première-ligne constituaient le début.** Je me retrouvais à marquer un essai qui était né de leur combat dans lequel ils s'étaient fait défoncer le portrait. Les grandes victoires du quinze de France ont toutes été obtenues avec des première-ligne qui passaient leurs vis-à-vis à la machine à laver. Des mecs avec des oreilles en forme de cendrier, avec des valeurs et des vertus. J'étais en tant que capitaine très proche d'eux. Le poste a considérablement évolué, mais cela reste des mecs à part. Je me souviens d'un joueur en équipe de France qui, dans les vestiaires avant le match, avait toujours un ballon avec lui qu'il caressait. Un jour, je lui ai demandé : pourquoi tu fais cela. Il m'a répondu : "Je le touche maintenant parce que je sais que je ne le verrai plus pendant quatre-vingts minutes. "

Oui, les première-ligne ne font pas les grands titres des journaux, mais ils mettent pourtant leur corps sur la ligne pour que l'équipe avance. Je restais souvent le soir après les matches à les écouter parler de mêlée durant des heures. C'est un monde fascinant qui gardera toujours pour nous, les trois-quarts, une forme de mystère. »

Maxime Médard (2010) : l'affection.

MAXIME MÉDARD

« Des gens simples et sincères »

« **Les première-ligne sont pour moi comme des nounours.** Des gens posés, tranquilles, avec qui l'on peut beaucoup discuter. Je me suis toujours senti mieux avec eux qu'avec les trois-quarts. Je ne sais pas, tu te sens en sécurité. Ce sont des vraies pâtes. Des gens simples et sincères. Je les admire énormément pour le travail qu'ils font. Les essais que l'on marque, les trois-quarts, proviennent pour beaucoup du travail qu'ils font dans l'ombre. J'en ai vraiment pris totalement conscience en 2010 lorsque nous avons gagné la finale de la Coupe d'Europe face à Biarritz, où notre mêlée a été dominatrice et nous a permis de gagner le match. Après ces mêlées, j'essaie d'aller les relever pour leur montrer mon affection et ma reconnaissance. Ce sont des gens sur qui l'on peut compter. Et pourtant, on en parle peu. C'est dommage car, contrairement à ce que certains pensent, ils sont d'une grande intelligence.
D'une grande finesse. Quelque part, c'est injuste car je peux vous assurer, ils ne font pas le même métier que nous. À 11 heures, on termine l'entraînement et eux poursuivent les mêlées jusqu'à midi et demi ! Parfois, on s'installe dans le joug pour voir, mais rien que de s'y mettre, ça fait mal aux épaules.
C'est pour cela que, lorsque je fais tomber un ballon, je m'en veux énormément. Car je sais que je vais les obliger à faire une mêlée. Je me sens coupable. Après, cette mêlée, je ne pourrai jamais la comprendre et encore moins l'expliquer. De toute façon, je serais incapable d'expliquer le rugby. »

CHRISTOPHE DOMINICI

« Ils sont la vérité d'une équipe »

« **J'étais assez proche des première-ligne.** J'ai toujours été attiré par le combat, mais en raison de mon gabarit je ne pouvais jouer devant. Toutefois, je me retrouvais dans leur univers. Et peut-être qu'eux aussi ils auraient aimé courir vite. Lors de la préparation du match, je me rapprochais des gros, pour sentir s'ils étaient prêts. Car tu sais que, s'ils dominent leurs vis-à-vis, t'as 90 % de chances de gagner le match. C'est là, entre ces gros, que se trouve la vérité de l'équipe. Elle part de là, c'est le socle, les fondations du groupe. Et c'est intemporel. C'est une vérité qui traverse les époques. »

Christophe Dominici (2007) : la proximité.

LA CONFRÉRIE DES GROS

PROLÉ-GOMÈ-NES

par JEAN-CHRISTOPHE COLLIN

C'ÉTAIT UN SOIR D'AUTOMNE au Centre national de rugby à Marcoussis. J'avais rendu visite à l'Académie des premières lignes, cette initiative de l'entraîneur des avants de l'équipe de France, Didier Retière, afin d'encadrer la formation à ces postes dans les territoires glorieux ou reculés. Ils étaient une centaine de pilars et talonneurs venus de toute la France, rassemblés dans l'enceinte du CNR. Après les ateliers techniques, le soir, on s'était retrouvés autour des produits du terroir que chacun avait apportés de sa région. Le buffet n'avait pas résisté longtemps. La soirée avait été longue et les histoires savoureuses. Se mêlaient les époques et les anecdotes. Je m'étais dit alors que ce que j'avais entendu là, il faudrait un jour le proclamer urbi et orbi. Et célébrer le culte épicrânien des tronchards. Ces personnages singuliers dans le sport.

Lorsque j'étais gosse, mon père avait fondé un club de rugby de toute pièce à Chenove, en Côte-d'Or. Pour bâtir son équipe dans ce coin de France où le rugby n'est pas une évidence, il allait parfois aborder des gars dans la rue ou au bistrot en fonction de leur morphologie pour leur proposer de venir s'essayer à ce jeu. C'est d'abord cela que j'aime chez eux, c'est qu'ils portent leur fonction sur leur visage. Une bouille plutôt ronde, celle de celui qui reprend facilement de l'andouillette, un corps opulent, quelque chose qui respire la vie plutôt que les carottes râpées et le Gymnasium.
Dans une société qui veut de plus en plus formater les corps et les esprits, j'aime voir ces gaillards résister aux canons de l'époque.

Mon père avait un faible pour Lety, un truculent pilier gauche. Le soir, au dîner, c'était de lui dont il me parlait plutôt que des trois-quarts. De sa gentillesse, de sa droiture, de son humour. Mais, en même temps, il est rare que les gosses rêvent de devenir pilier de mêlée ou talonneur. Il y a bien Vincent Moscato qui, déjà petit, agrippé à la main courante du terrain de Gaillac, voulait être ce drôle de gars au bandeau avec le numéro 2 dans le dos. Mais peu de gosses collent des posters de Gérard Cholley ou de Nicolas Mas sur les murs de leurs chambres. Même Sylvain Marconnet ne souhaitait pas devenir pilier comme l'était pourtant son père. « *Il a joué vingt-cinq ans en Deuxième Division,* se souvient-il. *Il a dû toucher un ballon dans sa vie et, tous les dimanches, il allait se faire recoudre à l'hôpital, alors, ça ne m'a pas tellement donné envie.* »

Paradoxalement, c'est aujourd'hui ce que j'apprécie aussi chez eux, cette façon qu'ils ont d'être en retrait du monde médiatique et marchand. Ils gardent une distance par rapport au grand barnum du sport contemporain. Ils en sont des acteurs majeurs, mais n'en deviennent jamais des vedettes et ne se prennent donc jamais pour telles.

Peu de gosses collent des posters de Gérard Cholley ou de Nicolas Mas sur les murs de leur chambre.

© DESPREZ / L'ÉQUIPE

PROLÉGOMÈNES

À Chenove, il n'y a jamais eu de vedette. Ou juste une, si particulière que tout le monde l'ignorait. C'était le secrétaire du club, Daniel Ligou. Professeur agrégé d'histoire, le grand spécialiste de la franc-maçonnerie, dont les ouvrages font autorité. C'est lui qui faisait les motivations d'avant match. Il convoquait dans ce vestiaire exigu de Promotion d'honneur, qui sentait le camphre et la sueur, les grands auteurs, Victor Hugo, Blaise Cendrars ou Rudyard Kipling. Un dimanche où il empruntait une citation de ce dernier au *Livre de la jungle*, Moniot, un deuxième-ligne qui avait le coup de poing facile mais poussait fort derrière Lety, fit remarquer à l'assemblée qu'il ne fallait pas se foutre de sa gueule. *Le Livre de la jungle*, c'était de Walt Disney ! Lety, lui, en revanche, ça lui parlait ces jolies phrases. Car les gros, s'ils en font le plus souvent un usage parcimonieux, ont néanmoins le sens des mots. C'est frappant dans les pages qui suivent. Il y a des sentences qui claquent, des images qui touchent, et même une forme de poésie. Certains maraudent dans les livres et les musées au gré de leur rencontre. Didier Sanchez est collectionneur de peinture, passionné d'art premier, Cédric Soulette, esprit libre et complexe, est mu de tout son être par une démarche artistique.

L'axe gauche de la mêlée de Chenove n'a pas eu beaucoup de chance. Moniot est mort d'un cancer et le pauvre Lety s'est fait descendre un jour à la sortie d'une boîte de nuit par une balle perdue. Comme Armand Vaquerin, le grand pilier gauche de Béziers. Lui c'était plutôt une balle de hasard. Une putain de roulette russe. Certains estiment que c'est absurde de mourir ainsi, mais avouez que ce n'est pas une mort comme une autre. Qu'il y a une forme de panache à jouer ainsi sa vie. « *Quand nous rencontrions Béziers,* raconte le Lourdais Jean-Pierre Garuet, *le soir j'allais systématiquement dîner chez Armand. Un honneur pour moi. C'était sa "mamma" qui nous faisait à manger. Une matrone, aimante.* » On imagine volontiers cette scène, ces deux forces de la nature qui s'étaient étripées tout l'après-midi et qui, le soir venu, soupaient paisiblement face à face, servies par une vieille dame au regard tendre. Parce qu'il y a une immense tendresse dans ce monde de rudes.

JE REGRETTE de ne pas avoir pu discuter avec Vaquerin pour ce livre. Comme manque également cruellement le témoignage de Robert Paparemborde. Son nom revient souvent dans les propos de ses anciens adversaires. C'est assurément un homme qui les a marqués. On comprend ici et là qu'il poussait parfois de travers, mais il a néanmoins le respect éternel de ses contemporains. Comme s'il appartenait à jamais à leur monde. À ceux qui ont un jour disputé une mêlée au premier rang. Les seuls rugbymen qui connaissent la couleur des yeux de leurs adversaires. Il manque à ces pages, Patou. Il manque beaucoup d'autres, des vaillants, des renommés, des incontournables, des sélectionnés. Mais ils y sont présents à travers les autres. Le choix des intervenants fut arbitraire et sans logique, il fallait simplement qu'ils représentent le monde en son entier de la première ligne, des plus chevronnés aux plus anonymes.

On imagine volontiers cette scène, ces deux forces de la nature qui s'étaient étripées tout l'après-midi et qui, le soir venu, soupaient paisiblement face à face, servies par une vieille dame au regard tendre.

Jean-Pierre Garuet

PROLÉ-GOMÈ-NES

VENU AU RUGBY À L'UNIVERSITÉ, je me suis encore rapproché des Gros. Je partageais un appartement avec des amis. Et l'un d'entre eux jouait pilier droit. En bas de l'immeuble, il y avait un troquet qui s'appelait le *Maine-Anjou*. On y a passé une partie de notre jeunesse à jouer au flipper et à boire des Picon bières au gré de nos fausses disputes et de nos éclats de rire. Si bien que, les jours de matchs universitaires, le mercredi, moi, qui jouais à l'arrière, et Dimitri, à la pile, on avait mis au point une combinaison absurde qui s'appelait la "Maine-Anjou" et qui constituait en ce que, lorsque je récupérais ou plutôt que je parvenais à récupérer une chandelle, je devais remonter la balle jusqu'à retrouver Dimitri quelque part sur le terrain pour lui donner la gonfle, et ce quelle que soit la disposition des adversaires et des partenaires. C'est une combinaison qui n'a pas fait école… Mais j'ai gardé ce lien avec les Gros.

Le jeudi soir, au stade Pershing et au bar le *Bonaparte*, je fréquentais l'équipe de la réserve du PUC. Un club qui n'a pas construit sa légende sur la mêlée mais qui a toujours connu des piliers singuliers. Et notamment le premier d'entre eux, Sacha Lubinetski, auteur d'une thèse de médecine qui a fait date : « Considération physio-pathologique du rachis cervical des piliers ». En 1967, il a radiographié pour la première fois une mêlée et a permis de faire prendre conscience aux médecins de la faculté des pressions subies par les hommes de première ligne et de la position des cervicales emboîtées. Dix pages exactement, photos comprises, qui ont interpellé les mandarins. *« Au moment du jury, quand on m'a appelé, on m'a dit : "Ah ! c'est vous la thèse qui commence à la page 20 et qui finit à la page 30 ! " Le reste n'était en effet que des remerciements aux copains du PUC et à ma famille. Mais je ne pouvais guère aller plus loin, à l'époque il n'y avait ni scanner, ni IRM. »*

Sacha, c'est une figure du PUC, une fidélité historique, reconnaissable entre tous, car toujours vêtu de viole, à la ville comme le dimanche. Même sa Twingo est violette ! Dans cette équipe réserve du Paris Université Club, le pilier droit répondait à l'abréviation de TSM. Thomas Saint Martin. Robuste, jovial, souvent une petite pique bienvenue pour les trois-quarts, pas le premier pour les footings, pas le dernier à table, cuisinier de son état. Au talon, officiait un autre amateur de bonne chère, Christophe Grill, carabin, talonneur dynamique et seigneur de la 3e mi-temps avec l'éminent Antoine Bénech. Et puis il y avait les frères Gaignault, Jérôme et Olivier, l'un à gauche, l'autre à droite. Comme il y a eu les frères Claude et Gérard Portolan. Ils sont arrivés au rugby sur le tard, mais ils sont littéralement tombés amoureux de ce sport et surtout de la première ligne. Ils étaient devenus piliers comme on prend la bure. Il leur arrivait de jouer le samedi en corpo et le dimanche en club. Et même en semaine, avec les Babars, cette glorieuse équipe de réclame, la première à avoir porté des maillots roses bien avant le Stade Français. Des hommes de bien, ces frères Gaignault, généreux, intègres, toujours dans l'esprit. C'est en leur nom que nous avons souhaité que ce livre soit œcuménique, c'est-à-dire qu'il donne la parole aux plus grands héros de la première ligne comme aux plus anonymes, aux ferrailleurs des petites divisions jusqu'à la référence Jean-Pierre Garuet. Un livre qui rend hommage à ces gens de l'ombre, mais plus encore qui les raconte. Eux et leur univers, qui change au fil des époques et des niveaux de pratiques, mais

Qu'elles se disputent à la Cipale ou à l'Eden Park, les mêlées ont des points communs. Celui de l'affrontement. De la glose entre hommes forts.

« S'il n'y a plus de mêlée, ne m'appelez plus pilier », m'a lancé un jour Sylvain Marconnet.

© LAHALLE / L'ÉQUIPE

qui, néanmoins, dispose d'un socle commun, ce que les sociologues appellent les valeurs centrales de cohésion. C'est l'idée qu'une mêlée des années 1970 et une mêlée aujourd'hui demeure une mêlée, avec ses axes de poussée, ses prises, ses hauts et ses bas. Comme une mêlée entre le quinze de France et les All Blacks est la mère de la mêlée entre le PUC des bons présidents Bousquet-Rossigneux et l'ACBB du bon président Grill. Qu'elles se disputent à la Cipale ou à l'Eden Park, elles ont des points communs. Celui de l'affrontement. De la glose entre hommes forts.

IL FUT UN MOMENT où ce combat a été remis en cause. Ce n'est plus le cas. Mais on s'est posé la question avec l'évolution du rugby moderne du devenir de cette phase de jeu. Le nombre de mêlées a considérablement diminué durant les matches, leur importance a été discutée et, à petit niveau pour des raisons de sécurité, on a édulcoré une partie de ce qu'elle est. *« S'il n'y a plus de mêlée, ne m'appelez plus pilier »*, m'a lancé un jour Sylvain Marconnet. Chez les gamins, on n'a plus le droit de pousser les mêlée, et seulement pour le gain du ballon jusqu'en Fédérale 2. Du coup, c'est tout un pan de cette culture qui s'en allait. Et c'est ainsi qu'au début des années 2000 on peinait en France à trouver des piliers droits, le poste le plus dur de la première ligne. J'étais alors parti durant l'hiver 2003 à leur recherche au Pays basque et en Bigorre, terres de prédilection des Gros. La maréchaussée avait très légitimement, à l'époque, cru bon de me retirer le permis à la suite d'une troisième mi-temps dans l'estaminet de deux piliers, Sylvain Marconnet et Pieter De Villiers. Je me souviens d'ailleurs que, tard dans la nuit, j'avais dit à Sylvain : *« Tu vois, t'as pas un physique de sportif de haut niveau. »* Je le remercie encore de sa miséricorde, mais pour moi ce n'était pas péjoratif, juste une façon de signifier que vaillamment, à grand coup d'entrecôtes, lui et ses camarades, résistaient à la tyrannie des corps sculptés. Ce qui ne les empêche pas d'être des athlètes phénoménaux, et Marconnet parmi les premiers d'entre eux.

Toujours est-il que je suis parti sillonner l'Euskadi en mobylette, puisque sans permis ni voiture, à la rencontre des derniers Gros de ce monde. Je suis allé prendre une bière chez Pascal Ondarts. Au Trinquet moderne, à Bayonne, j'ai déjeuné copieux avec Jean-Marie Usandisaga, qui partageait ses semaines entre son travail aux ateliers de la ville de Bayonne, les planxa qu'il forgeait et les entraînements avec l'Aviron. Et puis j'étais monté à Espelette chez Pierre Dospital. Il pleuvait comme il pleut au Pays basque, ça m'a paru une éternité pour atteindre en cyclo, dans la bourrasque, ce merveilleux village rouge et blanc. Dospi ne voulait pas croire que le mec qui débarquait ainsi en mobylette trempé jusqu'aux os travaillait à *L'Équipe*. Il m'a raconté pourtant les piliers basques, leur culture, et leurs liens désormais fragiles avec la nature qui les entoure. Et puis, enfin, j'avais rejoint Lourdes, en train, pour retrouver Jean-Pierre Garuet en sa mairie où il officie comme maire adjoint. Nous étions ensuite allés déjeuner chez l'un de ses amis, car chez ces hommes-là il n'y a pas de discussion sérieuse qui ne se fasse autour d'une bonne gamelle. Nous étions sortis de table à point d'heure. Jean-Pierre m'avait alors emmené voir la grotte. Ce fut un moment singulier. J'avais passé une semaine merveilleuse parmi les Gros, à écouter leur histoire. Je m'étais insinué dans leur monde sur la pointe des pieds. Et l'idée a germé qu'il faudrait un jour le raconter.

PAOLE-GOME-NES

Dato Zirakachvili

QUELQUES ANNÉES PLUS TARD, peu avant la Coupe du monde de 2007 en France, je suis parti à la rencontre de Dato Zirakachvili, pilier caucasien de l'ASM. Tous les piliers du monde devraient un jour se rendre en Géorgie. Ils s'y sentiraient chez eux. Des hommes de leur nature, il y en a plein les rues, les églises. La population leur voue un culte singulier. En raison d'une journée inscrite en lettres de sang dans l'histoire de ce petit pays du Caucase. C'était lors de mon premier séjour à Tbilissi en 1989. Du temps de la Pérestroïka. Cette petite républiquc dc l'URSS aspirait à l'indépendance, mais Mikhaïl Gorbatchev s'y refusait. La population occupait la rue, dans un grand happening libertaire. Le futur prix Nobel de la paix a alors envoyé les OMONS, cette redoutable et violente unité d'élite du ministère de l'Intérieur. La population, hommes, femmes, enfants, vieillards, manifestait pacifiquement sur la grand-place de Tbilissi lorsque les OMONS ont chargé la foule. Les joueurs de l'équipe nationale de rugby, et notamment les avants avec leurs piliers, leurs talonneurs se sont mis en première ligne, au sens propre du terme, pour faire rempart aux troupes soviétiques. Plusieurs d'entre eux sont morts lors de cette terrible répression qui a fait date dans l'histoire de la Géorgie.
Depuis ce jour, les piliers géorgiens ont une place à part dans la destinée de leur pays, dans le cœur du peuple géorgien. Et dans celui d'un jeune Français, témoin de ces souffrances.

Vingt ans après, le calme était revenu. Même s'il est toujours précaire dans ce coin du globe. J'avais passé des jours rares avec Dato Zirakachvili et Davit Khinchagichvili, le pilier de Brive. Je me souviens de ce repas sans fin au bord la Mtkvari, où l'on avait mangé des chachliks, des poissons de rivière, du chachapuri et porté des toasts à foison avec du vin de Karétie comme on sait le faire dans le Caucase, entre poésie et fraternité. Ces hommes sont de toutes leurs forces les héritiers de l'histoire de leur peuple qui refuse de subir. Première-ligne, chez eux, c'est une manière d'être au monde. Le cou dans les épaules, le regard noir et franc, ils parlaient avec la ferveur de ceux qui ont toujours lutté pour exister : *« C'est en nous ce sens de l'affrontement,* disait Dato Zirakachvili, *c'est ce qui nous a permis de traverser l'histoire. De résister aux Mongols, aux Perses, aux Turcs et, dernièrement, aux Russes. »*

J'y ai séjourné une troisième fois en 2008 lorsque l'armée russe avaient envahi la Géorgie. Une fois encore, les rugbymen étaient allés défendre les leurs. Je me souviens de ce jeune pilier, Tariel Donadze, qui était monté au front dès les premiers jours de l'attaque russe. C'est un pilier droit prometteur géorgien qui évoluait dans l'équipe de l'université de Tbilissi en Première Division. Quand le conflit a éclaté, Tariel s'était retrouvé en première ligne avec son unité de radar. *« Notre mission consista à repérer les avions russes,* me raconta-t-il. *Mais eux, à cet instant, nous détectaient aussi. Nous n'avions alors qu'une minute pour débrancher le radar et ne plus être repérables. Sur un terrain de rugby quand tu commets une erreur, un plaquage manqué par exemple, cela te coûte au plus un essai. Là, une erreur et c'était la mort. Durant tous ces jours-là, nous avons commis une erreur. C'était un matin. J'étais en pause, je prenais un café. L'équipe en place n'a pas débranché dans les temps. Mon meilleur*

Les avants de l'équipe nationale se sont mis en première ligne, au sens propre du terme, pour faire rempart aux troupes soviétiques. Plusieurs d'entre eux sont morts lors de cette terrible répression qui a fait date dans l'histoire de la Géorgie.

PROLÉGOMÈNES

copain en faisait partie. Il a couru pour venir nous prévenir. C'est alors que les avions sont arrivés et nous ont bombardés. La furie... Quand l'attaque a cessé, nous avons compté 90 cratères de bombes... Le corps de mon ami gisait dans l'un d'eux. Un engin de 500 kilos lui est tombé dessus et l'a tué sur le coup. Si cette bombe avait explosé nous serions tous morts... Les autres sont tombées plus loin et nous avons juste eu le temps de nous jeter dans les tranchées que nous avions creusées... Nous sommes ainsi restés cinq jours sous les bombes. Dans ces trous...La première fois que j'ai entendu le sifflement de la bombe qui arrive, j'ai eu très peur. Mais c'est comme pour la première mêlée. Avant que cela commence, tu as la boule au ventre, mais dès que tu rentres dedans tu oublies. D'ailleurs, j'ai vite compris que cela ne servait à rien d'avoir peur. Il faut faire le boulot. Au fond, tu ne meurs qu'une fois. Et l'important, c'est de savoir comment tu vas mourir, mais quand, cela ne compte pas. J'étais allongé dans ce sous-bois. Et j'attendais la fin, j'étais prêt.... »

J'ÉVOQUE CE TÉMOIGNAGE, car je suis persuadé que ce n'est pas anodin si ce garçon joue pilier. Peut-être un jour en France dans un grand club. Car il y a aussi quelque chose de grave chez les hommes de la première ligne. Quelque chose de profond. Il suffit de prendre le temps de les écouter. Ce que l'on fait rarement parce qu'ils causent peu. Souvent en raison d'une humilité véritable. Mais dès lors qu'ils se mettent à table, dès lors qu'on leur demande d'expliquer, de disséquer, de livrer, d'oublier quelques secondes leur pudeur naturelle pour aller chercher en eux des émotions profondes, alors surgit un monde remarquable. Pilier ancien, pilier moderne, talonneur robuste, talonneur malingre, tous ont, à leur manière, apporté une façon d'exprimer ce qu'ils sont. C'est-à-dire des bonhommes attachants et de sacrés joueurs de rugby. Au rôle de plus en plus déterminant.

« C'est le poste qui a le plus évolué avec le rugby moderne, explique Sylvain Marconnet. *C'est devenu très exigeant. Il faut pousser, plaquer, courir. »* Il est plus que jamais, et notamment le pilier droit, un des éléments majeurs d'une équipe. Ce n'est pas pour rien qu'il s'agit du poste le mieux rétribué du rugby avec ouvreur. Longtemps plongés dans l'unique silence de la mêlée, assis au bar pendant que les trois-quarts faisaient les intéressants devant les filles, les Gros commencent à trouver une forme de reconnaissance qui dépasse le cadre du « bâtiment ». Si le grand public a toujours montré une sorte de fascination pour la mêlée, il s'intéresse désormais à ses acteurs. Il découvrira alors des hommes charmants, sensibles, profonds, intelligents. C'est ce qui émane de leurs propos au fil de ces pages. Un foisonnement de petites pensées, d'histoires, d'anecdotes, de réflexions qui forment au final un ensemble fort, cohérent, un monde à l'intérieur du monde du rugby, avec ses codes, ses lois, ses personnages, ses vérités et ses douleurs. L'univers des première-ligne est un ensemble clos, fermé sur lui-même jusqu'à ce qu'on en ouvre les portes. Dès lors, on s'aperçoit qu'il est finalement universel, qu'il raconte l'humanité tout entière, mais une humanité en dehors des contingences, parfois en décalage avec la modernité et ses affres, une rémanence de quelques temps immémoriaux où l'on vivait selon quelques grands principes. Ceux qui ont guidé les hommes pour conquérir de grandes choses ou plus simplement pour vivre ensemble. Paroles de première-ligne, paroles d'hommes.●

Un monde à l'intérieur du monde du rugby, avec ses codes, ses lois, ses personnages, ses vérités et ses douleurs.

Nicolas Mas et William Servat

LA CONFRÉRIE DES GROS

FRÈRES D'ARMES

Mathieu Blin
Champion de France avec le Stade Français en 2003, 2004 et 2007. Président du syndicat Provale.

Yannick Bru
International, champion de France 1999 et 2001 avec Toulouse, champion d'Europe 2003 et 2005. Entraîneur des avants du Stade Toulousain.

Cédric Chaubeau
Finaliste Pro D2, international militaires. Entraîneur du club de rugby de Saint-Étienne.

Gérard Cholley
International, réalise le Grand Chelem 1977. Retraité des laboratoires Pierre-Fabre.

Manu Diaz
International, champion de France en 1987 avec Toulon. Responsable de la formation sécurité à la mairie de Toulon.

Pierre-Édouard Detrez
International, demi-finaliste du Championnat avec l'ASM 1981. Entrepreneur de spectacles.

Philippe Dintrans
International, vainqueur des All Blacks en 1979 à Auckland. Directeur d'une concession Toyota à Montauban.

Gérard Dine
Quart-finaliste Troisième Série en 1986 avec Saint-André-les-Vergers. Chef de service à l'hôpital de Troyes, professeur à l'École centrale.

Pierre Dospital
International, Grand Chelem en 1981. Patron du Trinquet à Espelette.

Philip Fitzgerald
International B écossais, finaliste du Bouclier européen 2010. Docteur en droit international public.

Jean-Pierre Garuet
International, finaliste de la Coupe du monde 1987. Adjoint au maire de Lourdes, responsable d'une exploitation agricole.

Hervé Juillet
Joueur de Première Division à Montchanin de 1990 à 1995, international B. Directeur de PME.

Benoît Lecouls
International, champion de France en 2005 et 2006 avec Biarritz et en 2008 avec Toulouse, champion d'Europe 2003 et 2010 avec Toulouse.

Andrea Lo Cicero
International italien, a disputé trois Coupes du monde, joueur du Racing.

Sylvain Marconnet
International, champion de France avec le Stade Français en 1998, 2000, 2003, 2004 et 2007.

Philippe Marocco
International, finaliste du Championnat de France en 1994 avec l'ASM Clermont. Entraîneur de Montluçon et VRP.

Nicolas Mas
International, champion de France avec Perpignan en 2009.

Vincent Moscato
International, champion de France avec Bègles (1991) et le Stade Français (1998). Comédien, animateur radio sur RMC.

Pascal Ondarts
International, finaliste de la Coupe du monde 1987, finaliste du Championnat de France avec Biarritz en 1992. Restaurateur à Biarritz.

Michel Périé
International, champion de France en 1992 avec Toulon.

Mariano Rabago
Champion de France Fédéral B avec le Stade Dijonnais (1990), a joué en Groupe A à Montchanin. Représentant commercial.

Didier Retière
Huitième-finaliste du Championnat avec Le Creusot en 1992. Entraîneur adjoint de l'équipe de France chargé des avants.

William Rebeyrotte
Champion du monde universitaires en 1996. Directeur des ressources humaines.

Jacques Rougerie
dit « Le Cube». International, finaliste du Championnat avec l'ASM (1970). Chirurgien dentiste.

Thomas Saint Martin
Quart-finaliste du Championnat de France Nationale B avec le PUC en 1993. Cuisinier.

Didier Sanchez
International, qualifié en phase finale avec Montferrand (1978). Directeur du camping de Sainte-Marie (66).

William Servat
International, champion de France 2008, champion d'Europe en 2005 et 2010 avec Toulouse.

Cédric Soulette
International, champion de France 2001, champion d'Europe 2003 avec Toulouse, finaliste de la Coupe du monde en 1999. Directeur de Stan Art.

Dimitri Szarzewski
International, champion de France 2007, réalise le Grand Chelem 2010.

Laurent Travers
Champion d'Europe en 1997 avec Brive. Entraîneur de Castres.

Les trente première-ligne dont les propos composent ce livre sont issus d'horizons très différents, aussi bien sur le plan géographique que socio-professionnel. Mais tous appartiennent indéfectiblement à la confrérie des Gros.

Chapitre 1

LA CORPULENCE

Première-ligne est une fonction que l'on porte sur soi. À vie…

© TROUDE / L'ÉQUIPE

C'est l'un des rares postes qui se démasquent dans la rue. Qu'on croise un première-ligne et l'on se dit : « Tiens, lui, il doit jouer pilier. » C'est comme ça, on naît première-ligne. Un physique ramassé, une réelle densité corporelle, une tête plutôt joviale, et puis il y a souvent derrière une voix douce et calme. Cette corpulence de la première ligne constitue par ailleurs l'élément fondamental du rugby, celui qui le distingue des autres sports. Grâce à ces trois postes, chaque enfant, quelle que soit sa morphologie, aura sa place dans l'équipe. Au rugby, nul ne peut être laissé sur le côté du chemin en raison de son physique. Le petit gamin potelé, un peu rondouillard, parfois moqué dans la cour de récré se retrouve valorisé le samedi au-devant de la mêlée. Et puis ils grandissent, s'élargissent pour devenir des hommes gaillards qui, par leur rondeur, préservent une dimension humaine au rugby, une proximité avec la rue. Quand les spectateurs les voient arriver sur le terrain avec ces maillots qui les boudinent, ils peuvent sans rêver se reconnaître en eux. Mais ne nous y trompons pas, il y a parmi ces fortes carcasses de vrais athlètes. Jean-Pierre Garuet, à son époque, s'était fabriqué une salle de musculation dans sa maison et Philippe Dintrans s'adonnait chaque jour à des footings de muerte avec des courses en côte, des fractionnés, tout ce que le sport moderne préconise désormais. Oui, derrière cette apparence débonnaire, les grands joueurs de première ligne ont toujours été avant tout des athlètes hors norme.

Jean-Pierre Garuet à l'ouvrage, chez lui à Lourdes, en 1986. Le pilier de l'équipe de France a compris l'importance de la musculation, qu'elle soit acquise lors des travaux de force ou travaillée sur des agrès.

© LEGROS / L'ÉQUIPE

« Les piliers, nous sommes au départ complexés, mais faisons de nos difformités de la vie quotidienne les éléments constitutifs d'une caste. »

Pierre-Édouard Detrez

« **Nous sommes à rebours de la dynamique de la société moderne,** qui vante les hommes sculpturaux, tandis que nous sommes petits et gros. Et puis, l'on garde une certaine sagesse, une distance sur les choses. On ne se laisse pas prendre par les apparences. »

Didier Retière

« **Je venais d'une famille campagnarde où l'on mange le gras du jambon.** J'étais petit et grassouillet. Et dans la cour d'école, on me moquait : tiens, voilà le petit gros. Et quand je suis arrivé à l'école de rugby, on ne m'a pas dit cela. On m'a dit : tu joueras pilier, talonneur. On avait besoin de moi. J'y ai trouvé une reconnaissance, une identité. C'était le seul endroit où j'existais par rapport à mon physique. Ça m'a donné confiance en moi. »

Laurent Travers

« Jouer première façonne ce que tu es. Ça construit ta personnalité. En bien ou en mal. Cela change à jamais ton rapport aux autres. »

Vincent Moscato

En 2008, Didier Sanchez transmet son expérience aux jeunes avants de Sainte-Marie-la-mer.

« **Je suis arrivé pilier par hasard.** J'étais deuxième-ligne et nous sommes allés faire un match à Avignon où il y avait une sacrée équipe de mercenaires. Le pilier devant moi était un gamin qui a pris peur. Alors je l'ai remplacé. Tout de suite, on m'a mis les doigts dans les yeux, quelques gifles, j'ai immédiatement calmé les gars. Moi, j'étais boxeur, quart-finaliste du Championnat de France. Ça a vite été réglé, l'affaire. Ensuite, le poste m'a tout de suite plu, comme une révélation. Je n'avais pas la morphologie à l'époque pour un pilier puisque je mesure 1,93 m, j'étais plus grand que mes deuxième-ligne, je prenais même des balles en touche mais j'avais un mental de guerrier, ce n'est pas deux gifles qui allaient m'impressionner, j'en mettais quatre. Et puis, surtout, j'avais une grande force dans les jambes, je pouvais descendre très bas. »

Gérard Cholley

« **J'ai fait du judo puis du foot dans mon village, à Boujan, dans l'Hérault.** En deux ans, j'ai mis deux buts... contre mon camp. À 13 ans, mon père m'a dit : "Va faire un tour au club de rugby de Béziers." Je suis arrivé pour mon premier entraînement. L'entraîneur, c'était monsieur Higon. Un homme généreux, boucher de son état. Au bout d'un moment, il m'a demandé : "Comment tu t'appelles ?" "Cédric, Monsieur." Il s'est alors adressé aux autres : "Bon, les enfants, faites comme Cédric." Pour la première fois de ma vie, j'étais montré en exemple. On n'oublie jamais cela. »

Cédric Soulette

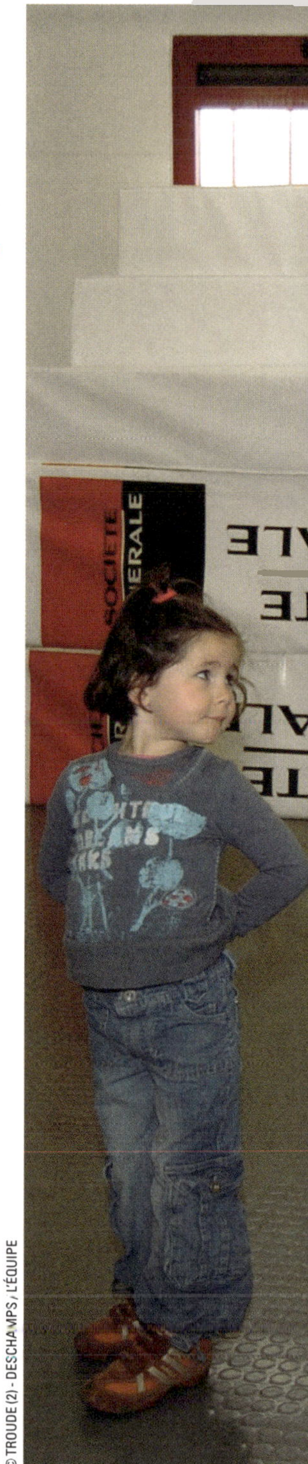

© TROUDE (2) - DESCHAMPS / L'ÉQUIPE

Denis Avril, pilier du Biarritz Olympique, lors de la saison 2004-2005.

« Je faisais 75 kilos, on m'a appelé “le Quelot”, ce qui chez nous est le dernier d'une couvée, c'est-à-dire souvent le plus chétif. Pour réussir à Montchanin avec un gabarit comme ça, fallait donner ta peau. »

Hervé Juillet

Adam Jones, avec le pays de Galles en 2007.

« **Quand je voyais que le pilier d'en face pesait 80 kilos,** je me faisais du souci. S'il était là malgré ce poids, c'est qu'il y avait une raison. »

Pierre-Édouard Detrez

« **Le problème, c'est que les jeunes, avec la muscu, ils font du volume** mais n'ont pas forcément la caisse pour jouer devant. C'est comme les mobylettes qu'on trafiquait. D'accord, elles montaient à 80 km/h mais tu les gardais quoi, six mois. Tandis que la vieille bleue, elle te faisait vingt ans… »

Mariano Rabago

« **À 7 ans, j'étais déjà le plus gros, donc déjà pilier.** C'est d'ailleurs le grand mérite du rugby que de donner une fonction aux Gros, c'est ainsi qu'on nous appelle et ce n'est pas péjoratif. C'est peut-être le seul endroit au monde où ça ne l'est pas. Même à l'école, on te respecte parce que t'es fort, mais on se fout quand même de ta gueule. Alors qu'au rugby plus t'es gros et plus t'es le roi du pétrole. Un jour, on m'a proposé de jouer à un autre poste, mais c'est comme si on m'avait demandé de jouer au cricket. Non, pilier, c'était une évidence et jamais l'idée ne m'est venue de me demander pourquoi. J'aimais me rentrer dedans avec les autres et plonger dans la boue. »

William Rebeyrotte

Alfred Roques, dit « le pépé du Quercy », une force de la nature. Et Amédée Domenech, en 1960, dont le gabarit plus élancé lui a permis de jouer à l'aile.

© BOUTROUX / L'ÉQUIPE - L'ÉQUIPE (2)

« Les piliers ne sont pas forcément des gens super explosifs, mais avec une grande force statique. Il y avait auparavant des piliers naturels qui s'étaient forgé une musculature au moyen des travaux des champs, ou d'activités de manutention. Ce sont des efforts où l'on prend appui sur ses quadriceps, avec un dos placé. Ces corpulences permettent psychologiquement d'enchaîner les chocs. Il y a interaction entre le mental et le physique. On a encore ces gens naturellement forts dans des pays comme la Géorgie, mais plus en Occident. Il y a encore des personnes qui ont la charpente, mais il faut la remplir de manière artificielle avec de la musculation. »

Gérard Dine

Davit Zirakachvili, le pilier droit de l'ASM Clermont-Auvergne, en 2007.

« **J'étais tellement en carence du point de vue physique que j'ai développé d'autres capacités.** J'ai tout construit sur le mental, et puis aussi avec un travail du corps. Jouer sur un roulis d'épaules, sur la souplesse du bassin pour optimiser le travail de mes piliers. Mais je garde toujours quand même, lorsque je regarde mes collègues, le sentiment d'avoir été quelque part un imposteur, de ne pas appartenir vraiment à leur famille. Puisque je dois beaucoup à mes piliers, exceptionnels. Longtemps, quand mes adversaires me regardaient, je pensais qu'ils ne me voyaient qu'à travers les gens chevronnés qui m'encadraient en mêlée. Et puis, parfois, quand je croise d'anciens talonneurs, à la manière qu'ils ont de me dire bonjour, je perçois une forme de respect. Je me dis alors que, si j'ai duré au plus haut niveau malgré mon gabarit, c'est que peut-être j'ai dû avoir quelque mérite. C'est ce qu'il me semble percevoir dans leur regard. »

Mathieu Blin

Vincent Moscato, alors entraîneur du PUC, en 1998.

Ci-dessus, le bien nommé patron du bar du stade à Bourgoin-Jallieu.

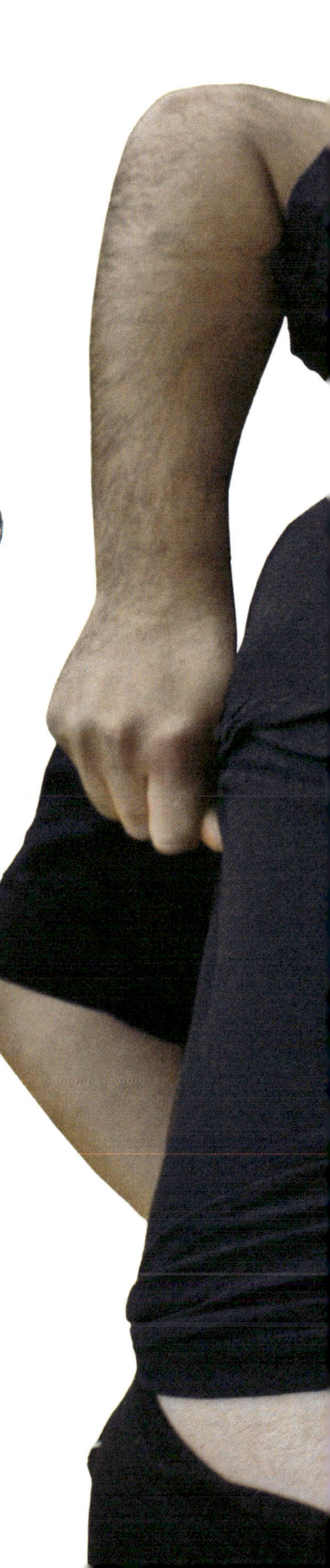

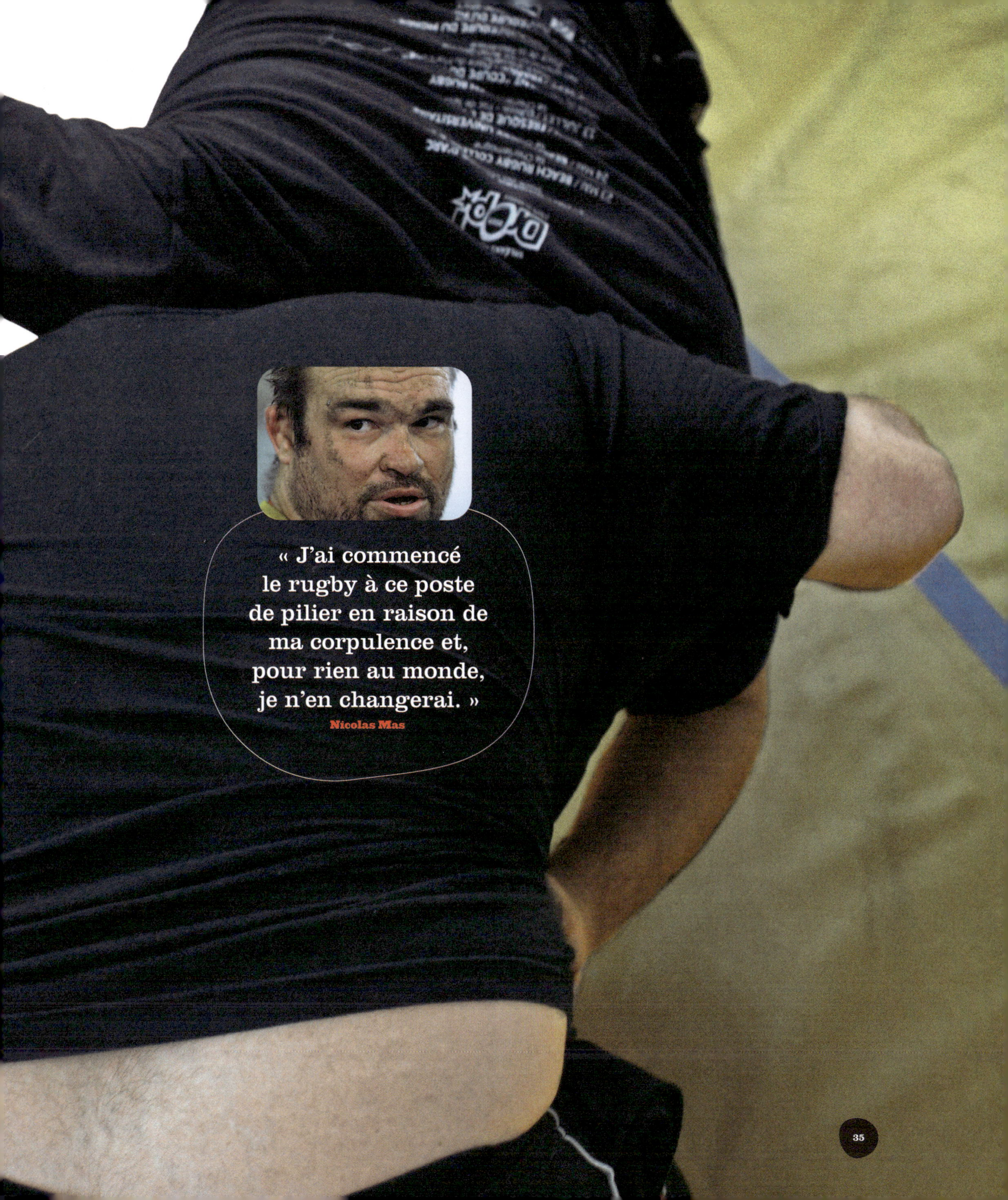

« J'ai commencé
le rugby à ce poste
de pilier en raison de
ma corpulence et,
pour rien au monde,
je n'en changerai. »

Nicolas Mas

 Chapitre 2

LES POSTES

Pilier droit, talonneur, pilier gauche, des rôles aux tâches subtiles et complexes.

On dit la première ligne, mais bien entendu elle se divise en trois postes avec pour chacun ses spécificités. Et celles-ci échappent au plus grand nombre. Elles sont d'ordre technique, psychologique, culturel. Elles s'avèrent également d'une grande subtilité. En effet, ces postes sont, contrairement à l'idée que s'en fait le profane, d'une très grande complexité. Du reste, peu de monde du public, des journalistes, des arbitres ne comprend vraiment la réalité et le déroulé d'une mêlée. Ce chapitre lève un peu le voile sur cet univers mystérieux. Le roulis d'une épaule, le déplacement d'un centre de gravité, le verrouillage d'un bras, il se passe tant de choses qu'on ne voit pas. Car, comme tout domaine, plus on essaye de le comprendre et plus il se complexifie. La technique de première-ligne est un puits sans fond. Elle ouvre sur des perspectives immenses et dévoile une très grande richesse. À la fois en termes de subtilité technique, mais aussi sur ce qu'elle génère de psychologie, de rapports entre les gens qui s'entremêlent dans ce défi ontologique à ce jeu.

© DESCHAMPS / L'ÉQUIPE

Jean-Pierre Garuet, Pascal Ondarts et Philippe Dintrans, l'une des meilleures premières lignes de l'histoire du quinze de France.

« Le pilier droit, le talonneur et le pilier gauche, c'est une solidarité absolue. Nous partons guerroyer avec une seule et même option de jeu : ne pas reculer. »

Manu Diaz

« **Pilier, c'est un long apprentissage.** Je crois que, jusqu'à mon dernier match, je continuerai d'apprendre sur ce poste et, même une fois que j'aurai arrêté, il y a encore des choses que je ne saurai pas. »

Nicolas Mas

« **À gauche, t'as toujours les moyens de t'en sortir,** mais à droite, si tu rentres mal, t'es pris, t'es dans l'étau. L'apprentissage est plus long à droite. Je considère que le pilier droit, c'est l'âme des piliers. »

Sylvain Marconnet

« **Avec Iraçabal, une année, l'un jouait à droite,** l'autre à gauche et l'on changeait chaque saison. Sept saisons comme cela. »

Pierre Dospital

© MARTIN - RONDEAU / L'ÉQUIPE

La première ligne écossaise de 2010 (debout à gauche) : Alan Jacobsen, Ross Ford et Euan Murray.

Et celle de Toulouse : Yohan Montès, William Servat et Daan Human.

« Talonneur, t'es crucifié, t'as tes mecs sous les bras, si tu sens qu'ils n'y sont pas, alors tu sais que tu vas charger. »

Didier Retière

« **Le talonneur, c'est le pauvre Christ entre ses deux apôtres.** Il y a "honneur" dans le mot talonneur. Tu as les bras pris. Fut une époque, tu finissais de manger à midi et tu savais qu'à 15 heures t'allais à nouveau en avoir plein la gueule. »

Didier Sanchez

« **Le talonneur, il est au milieu et premier.** On ne peut lui enlever ça. C'est celui qui lance, qui talonne, qui donne le tempo d'entrée en mêlée, ce qui lui confère une posture de leader. T'es devant, mais en même temps t'es pas un pilier alors tu as toujours besoin d'aller chercher la reconnaissance des autres mecs, d'aller mettre ta tête dans des endroits incongrus. Tu es un première-ligne mais pas un gros sac comme les piliers, t'es plus athlétique que les Bidochon. Ça développe des trucs, ce besoin de montrer que tu n'es pas un imposteur. »

Mathieu Blin

« **Petit déjà, j'étais déjà plus large que grand.** Alors, je suis vite devenu talonneur. Dès lors, pour moi, le rugby ne pouvait consister qu'à être talonneur. Je me sentais plus rugbyman que les autres. Plus collectif, plus combattant. Pour moi, les vrais rugbymen jouaient devant. »

Didier Retière

Le pack français face aux Tonga lors de la Coupe du monde 1995 : Philippe Gallard, Jean-Michel Gonzalez et Louis Armary. En médaillon, Raphaël Ibañez encadré par les piliers castrais en 2001. À gauche, le talonneur biarrot Benoît August et ses piliers Eduard Coetzee et Mosese Moala.

F.F.R.

« Le plaisir du pilier, c'est de faire craquer les os de son vis-à-vis. C'est un ostéopathe qui n'a pas réussi. Tu n'as pas la gaieté d'une course de 50 mètres, mais t'as le bonheur d'entendre grincer l'autre, ça vaut tous les essais du monde. »

Vincent Moscato

© TROUDE / L'ÉQUIPE

Le pilier anglais George Chuter au lancer en 2007 (à gauche), lors d'Angleterre-Italie. À droite : la tête de mêlée du quinze de France finaliste de la Coupe du monde 1999, Franck Tournaire, Raphaël Ibañez, Christian Califano. Ci-dessous : Martin Scelzo, Mario Ledesma et Thomas Domingo, la première ligne de l'ASM en 2009.

« Ce qui fait la force d'un talonneur, c'est sa capacité à persuader ses piliers qu'avec lui ils sont meilleurs. »

Laurent Travers

« **Je suis devenu pilier de manière un peu singulière.** Je jouais troisième-ligne centre à Égletons et j'avais été sélectionné en équipe du Limousin. Lorsque je suis arrivé dans les vestiaires, les maillots étaient pendus au portemanteau. J'ai mis mon sac devant le numéro 8 et je suis allé faire un tour dehors. Quand je suis revenu, mon sac avait disparu. Je dis au dirigeant, un brave homme, marchand de bestiaux à Objat : "On m'a piqué mon sac." Il a souri : "Non, regarde, il est là bas, ton sac." J'ai regardé dans le vestiaire : il était en face du maillot qui portait le numéro 3. Tout le monde a éclaté de rire et c'est ainsi que j'ai entamé ma carrière de pilier. »

Jacques Rougerie

« **À part Vaquerin,** tous les piliers sont des mecs sereins dans l'existence. »

Philippe Dintrans

« **Je suis arrivé au club en minimes, on m'a dit : "Tu joues pilier droit.** Merci et au revoir." Et j'ai fait cela pendant vingt-cinq ans. Je ne me suis jamais posé la question de savoir si je pouvais jouer ailleurs. »

Thomas Saint Martin

« **Dans la première partie de sa carrière,** le talonneur évite de se poser des questions, il ne veut surtout pas qu'on dise qu'il n'attaque pas les mêlées. Après, il a plus confiance en lui, plus d'expérience, alors il essaye de faire des choses plus intelligentes. »

Yannick Bru

Trois générations de Gros en bleu et une même complicité. Nicolas Mas, William Servat et Thomas Domingo en 2010. Alfred Roques, Jean De Grégorio et Amédée Domenech au tournant des années 1960. Daniel Dubroca, Philippe Dintrans et Michel Cremaschi au cœur des années 1980.

« **C'est ma nature, mais c'est aussi mon poste qui fait que je suis quelqu'un de très prudent.** Je passe certainement à côté de certaines choses, mais je suis ainsi. Je me mets volontairement en retrait pour analyser ce qui arrive. Pilier droit est un poste difficile, qui nécessite beaucoup de travail et où l'on ne peut se disperser. On ne peut se permettre durant même une demi-seconde de penser à autre chose, sinon la sanction est immédiate et lourde. »

Nicolas Mas

« **Ce poste de pilier a permis de façonner le jeune homme qui prenait la mesure de sa personnalité.** Il m'a permis de me découvrir moi-même. Je n'ai jamais été dans l'exaltation de qui que ce soit. Après, ce positionnement est devenu une mission, c'est-à-dire montrer que je pouvais affronter tous les hommes qui se présentaient à moi. C'est le seul poste où l'on peut exister avec de la volonté. C'est ma qualité première. Je ne suis pas doté de génie, mais en ce qui concerne les valeurs de base, j'étais plutôt performant. »

Cédric Soulette

« **Il faut tout de même un peu de courage** pour se lancer les mains liées, la tête la première, dans un pack de 900 kilos. Ce n'est pas donné à tout le monde. Du reste, tout le monde ne joue pas première-ligne. »

Dimitri Szarzewski

« Quand j'étais gamin à Gaillac, je regardais le talonneur de l'équipe première. Je le trouvais différent des autres. Il avait un bandeau, je le trouvais toujours original, c'était le turbulent. J'adorais Philippe Dintrans, son tempérament, son coffre, il avait un gaz incroyable. Je voulais lui ressembler. À cet âge, on fait beaucoup les choses par mimétisme. Et en cadets, j'ai enfin joué talon. J'avais des protège-tibias, un bandeau, un protège-dents, oui, j'avais l'habit du première-ligne. Souvent, les enfants veulent devenir pompier ou gendarme, moi, je voulais être talonneur à Gaillac. »

Vincent Moscato

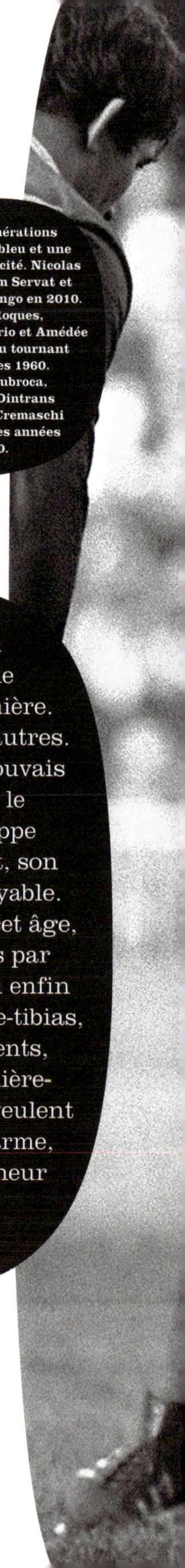

LES US ET COUTUMES

La première ligne s'est dotée d'une culture commune et de règles propres qui accompagnent ses obscurs combats.

Lentement, pas à pas, ils ont bâti un monde à eux. Un coin de silence et de gestes économes, qui traverse les époques et les modes. Chacun pose une épaule, une attitude, un mot, au mieux une phrase. Et c'est cet amoncellement de petites tapes amicales, de regards complices, de bières partagées qui forme cet ensemble à la fois un et multiple, riche de ses différences. Il y a une culture de la première ligne comme une culture des Incas, des Peuls, ou des maçons de la Creuse. Elle a pris corps dans les vestiaires, au creux des mêlées, grandi dans les regroupements et aux comptoirs du Bedford, des pubs de Dublin, aux terrasses du Mourillon. Elle se discute dans les cafés de Bigorre et sur rives de l'Adour. Dans les terres froides de la Berjallie jusqu'aux vignes de Nuits-Saint-Georges.
On peut la surprendre au détour d'un club-house, à l'ombre d'un vestiaire, c'est une phrase qui parle d'appuis, d'axes de poussée, ou bien c'est une position étrange entre deux hommes empoignés, qui se bloquent une épaule, descendent un bras, placent un bassin. Souvent, les mots ne suffisent pas. Il faut montrer. Parce que la mêlée est un sujet qui ne s'éteint jamais entre gens de première ligne. Comme le combat qu'elle fait naître et le respect qui en suinte. C'est-à-dire une manière d'être au monde. Mais c'est aussi un code de valeurs, de façon de se comporter entre soi.
La spécificité du combat de première ligne a fait naître une loi du genre, un code qui définit cet affrontement. Les hommes qui s'y plient chaque dimanche ont ainsi établi des droits et des devoirs liés à leur charge.
Ils s'y conforment, peuvent prendre ici et là des libertés mais reviennent toujours à quelques points essentiels qui dépassent les périodes historiques et le niveau de pratique. D'aucuns penseront qu'il y a quelque chose de suranné dans notre époque de la transgression à ériger comme cela non pas un dogme, mais disons un cadre de valeurs. Pour autant, on peut aussi considérer qu'il y a une forme de grandeur à cela. Formuler des vérités assez simples finalement, mais qui, si l'on y réfléchit, ont toujours existé lorsqu'il s'est agi de combat dans l'histoire des hommes. Ces derniers ont en effet systématiquement ressenti le besoin de définir des règles afin de s'entre-tuer sainement. Les propos qui suivent donnent un aperçu de ce cadre, sans pour autant qu'ils ne définissent le bien et le mal. Ce n'est pas un énoncé de moralité mais plutôt un petit guide de survie en tronche. Quelque chose de la Constitution britannique, dite souple, c'est-à-dire une loi acceptée de tous à travers les âges mais non écrite.

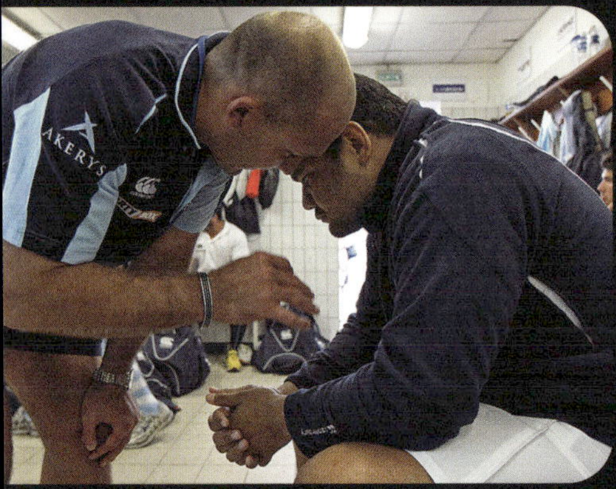

En 2008, les Gros de l'Aviron Bayonnais : le directeur sportif Richard Dourthe et Rodney Blake (à gauche), le talonneur Arnaud Héguy et son entraîneur Thierry Mentières (ci-dessus) et Nicolas Laffite (à droite).

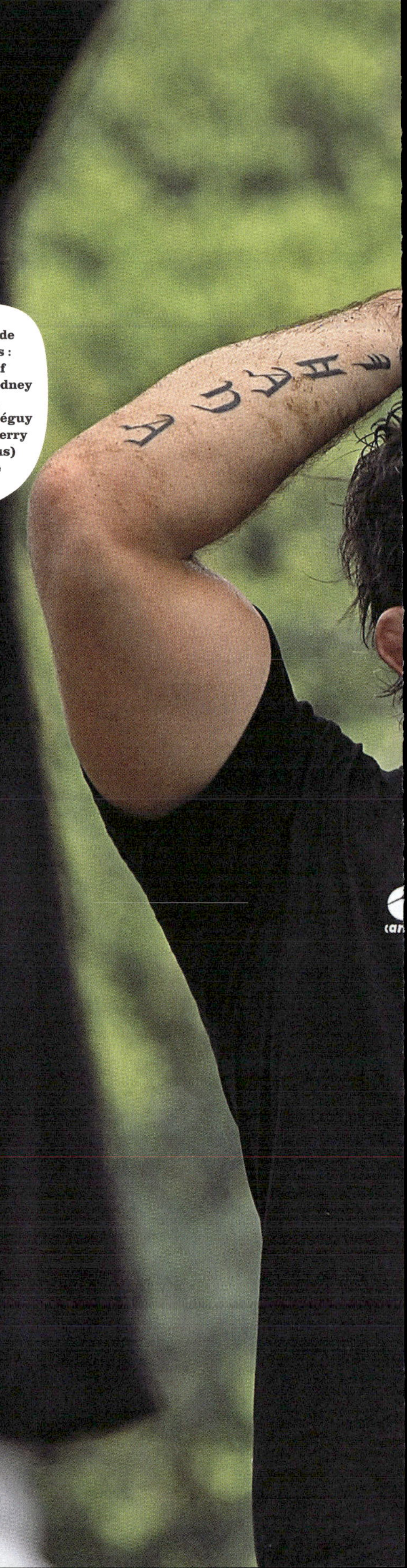

« **Une fois, contre l'Angleterre, avec l'équipe de France,** je dis à Jean Condom avant une touche : "Saute et ne t'inquiète pas, je m'occupe du reste." J'ai alors empêché le deuxième-ligne adverse de sauter en lui marchant sur le pied. Le troisième-ligne centre anglais qui avait tout vu, Horton, est arrivé et m'a mis un énorme marron. Normal, j'avais triché. Aujourd'hui, avec la vidéo, c'est lui qui serait sanctionné, alors que c'est moi qui suis allé contre l'esprit du jeu. »

Pierre Dospital

« **Chez nous, les orgueilleux ne font pas carrière.** Pour jouer quelques années en Première Division, il faut être travailleur, fier mais pas orgueilleux. »

Manu Diaz

« **Je n'ai pas une grande mémoire des noms,** des mecs contre qui j'ai joué. Je ne suis pas là pour ouvrir mon cœur au monde entier. Il y a des garçons que je trouve charmants en première ligne, et puis il y a ceux qui le méritent. Or, moi, je n'ai pas envie de les attendre toute l'existence. On ne va pas faire "oui-ouiland". On a de la sensibilité pour des hommes, et pour d'autres non. Le sport, c'est la même vie qu'ailleurs. Simplement, on a plus de temps pour découvrir les gens, c'est un privilège. Il y a ainsi des gens que je revois avec bonheur, c'est souvent empreint de pudeur, ça se lit dans les yeux. Certains, tu le dis, d'autres, tu ne le dis pas. »

Cédric Soulette

« Si je m'étais fait secouer en mêlée, même si j'avais pu faire cinq passes sur un pas, j'étais pas bien. En même temps, cela ne m'est jamais arrivé de faire cinq passes sur un pas. J'étais à l'abri. »

William Rebeyrotte

« **On ne devient pas pilier, on naît pilier.** Car, au-delà du physique, il faut aimer l'affrontement, le rapport de forces. Ça, c'est dans ta tête. C'est pour cela qu'au Pays basque, nous avons formé beaucoup de monde à ce poste car nous avons cette culture du défi, ces jeux de force auxquels on se livrait le dimanche après la messe. Mais aujourd'hui… il n'y a plus de messe. »

Pascal Ondarts

« **Tout ce que l'on fait est obscur.** Mais on n'a pas besoin du jugement des autres. On sait quand on a bien fait ou pas. De toute façon, les autres, les trois-quarts, ils s'en foutent de notre mêlée. De ce qui s'y passe. »

Benoît Lecouls

« **La solidarité en première ligne** est d'abord une nécessité et elle devient naturellement une valeur partagée par tous. »

Laurent Travers

« **T'es quelqu'un,** quand tu joues en première ligne. Ce n'est pas anodin dans une vie.
Tu peux dire, j'ai eu ce privilège… »

Vincent Moscato

« **C'est un monde d'excès,** je considère que c'est plus un atout qu'une tristesse que d'avoir visité cet excès. Je continue de l'être parce qu'il y a de nombreuses façons d'être excessif, dans ses choix, dans ses idées. Et demain, je serai peut-être excessif dans le repli sur moi-même. »

Cédric Soulette

© MONS / L'ÉQUIPE

« Il n'y a pas de grands ou de petits joueurs de première ligne, il n'y a que des gens qui ont le courage d'y jouer. »

Didier Sanchez

Alain Paco, Jean-Louis Martin, Armand Vaquerin et Alain Estève, à l'échauffement avec Béziers en 1980.

« Il y a ceux qui ont joué première ligne
et ceux qui ont joué au rugby. »

Cédric Chaubeau

© DOULIERY - FÈVRE / L'ÉQUIPE

« **L'affrontement des première-ligne suscite le fantasme,** car c'est un spectacle qu'on ne voit pas. C'est un monde de sensation. Mais les gens au-dehors sont attirés par la mêlée parce qu'ils sentent qu'il y a une dimension dramatique dans cette phase de jeu. Un combat qui s'avance et auquel les participants ne peuvent échapper. »

Didier Retière

« **Les piliers dans la vie,** ils sont pleins d'amis. »

Andrea Lo Cicero

« **Caractère, courage, fierté, humilité,** partage. Si t'oublies un seul de ces mots, tu passes à côté de ton dimanche. »

Hervé Juillet

« **Jamais je n'aurais voulu jouer ailleurs** qu'en première ligne. Là où il y a ce combat d'homme à homme pour savoir qui est le plus fort. Parce que c'est ça, la question. Au fond, le première-ligne est quelqu'un qui ne ressemble à aucun autre. Comme le goal, en football. Il fait autre chose. Si tu n'y as pas joué, il te manquera toujours quelque chose du rugby. »

Vincent Moscato

À l'académie militaire américaine de West Point, le rugby est considéré comme l'une des meilleures préparations au combat rapproché.

À droite, le travail au joug de la première ligne française en 2010 sous les ordres de Didier Retière.

LES US ET COUTUMES

« Les gens n'imaginent pas la complexité de ces postes de première ligne. C'est un jeu très intelligent. Il faut les trois C pour évoluer en première ligne, il faut un cerveau, un cœur et des couilles. »

Didier Sanchez

« **Pour moi, le rugby, c'était guerroyer au milieu des autres.** Quand il y a un adversaire entre moi et la ligne, l'idée était d'aller sur lui et de le faire reculer plutôt que de le contourner. »

Cédric Chaubeau

« **C'est une race à part dans le rugby,** le seul poste où il y a une confrontation directe. Tu dois livrer une lutte durant tout un match. Mais une lutte où, à chaque mêlée, tu recommences de zéro. Quand j'ai débuté, on "jouait la tête", c'est-à-dire qu'il s'agissait de rentrer en bélier et de faire sortir les deux piliers adverses côté extérieur. Mon premier match, je suis revenu à la maison avec des bosses de partout, ma mère était affolée. Je faisais de la force basque et de la pelote. C'est là que j'ai appris cette culture de l'affrontement, où l'on essaye de battre son frère puis son cousin, après son voisin… »

Pierre Dospital

« **Le poste de pilier correspond à notre mentalité** en Italie, ce sens que nous avons de l'adaptation et puis cette façon de se raccrocher à la vie. »

Andrea Lo Cicero

© LAHALLE / L'ÉQU PE - L'ÉQUIPE

L'équipe de France 1957 entraînée par l'ancien pilier et talonneur d'Auch et d'Agen Marcel Laurent.

À gauche, les deux piliers géorgiens Vano Nadiradze et Goderdzi Chvelidze utilisent leur propre masse musculaire comme agrès.

© GROSCLAUDE / L'ÉQUIPE

La première ligne de Bourgoin en 2008 : Pablo Cardinali, Benoît Cabello et Karena Wihongi.

« **Chez nous, en Écosse, c'est un petit pilier en taille mais un grand joueur** et un immense capitaine, David Sole, qui nous a donné notre hymne, *Flower of Scotland*, en l'imposant lors du match Écosse-Angleterre en 1990, au terme duquel nous avons remporté notre dernier Grand Chelem. Il était rentré ce jour-là sur la pelouse de Murrayfield à la tête de son équipe en marchant. C'était mon idole et il n'est pas étranger au fait que j'ai joué première-ligne. »

Philip Fitzgerald

« On gagnait rarement à l'extérieur, mais on ne perdait jamais à domicile. C'était un contexte. Autour, c'était pas les Champs-Élysées, nous étions à Montchanin, entre les mines de Monceau et les usines du Creusot, tu ne voyais ni la mer ni la montagne. Quand les équipes venaient jusqu'à nous, elles sortaient de l'autoroute à Chalon et rentraient dans le brouillard. On jouait sur ce côté hostile. Ce rugby rude, fermé, avec un paquet d'avants rugueux. Pour nous battre à la maison, il fallait se faire changer le sang. C'était un coin où tu ne te faisais pas accepter par un cadrage-débordement. La mêlée était essentielle. Gamin, à Montchanin, tu rêvais de jouer devant. C'est là où ça se passait. »

Hervé Juillet

LA COMPLICITÉ

Les hommes de la première ligne sont plus qu'unis. Parce qu'ils œuvrent pour le meilleur et pour le pire.

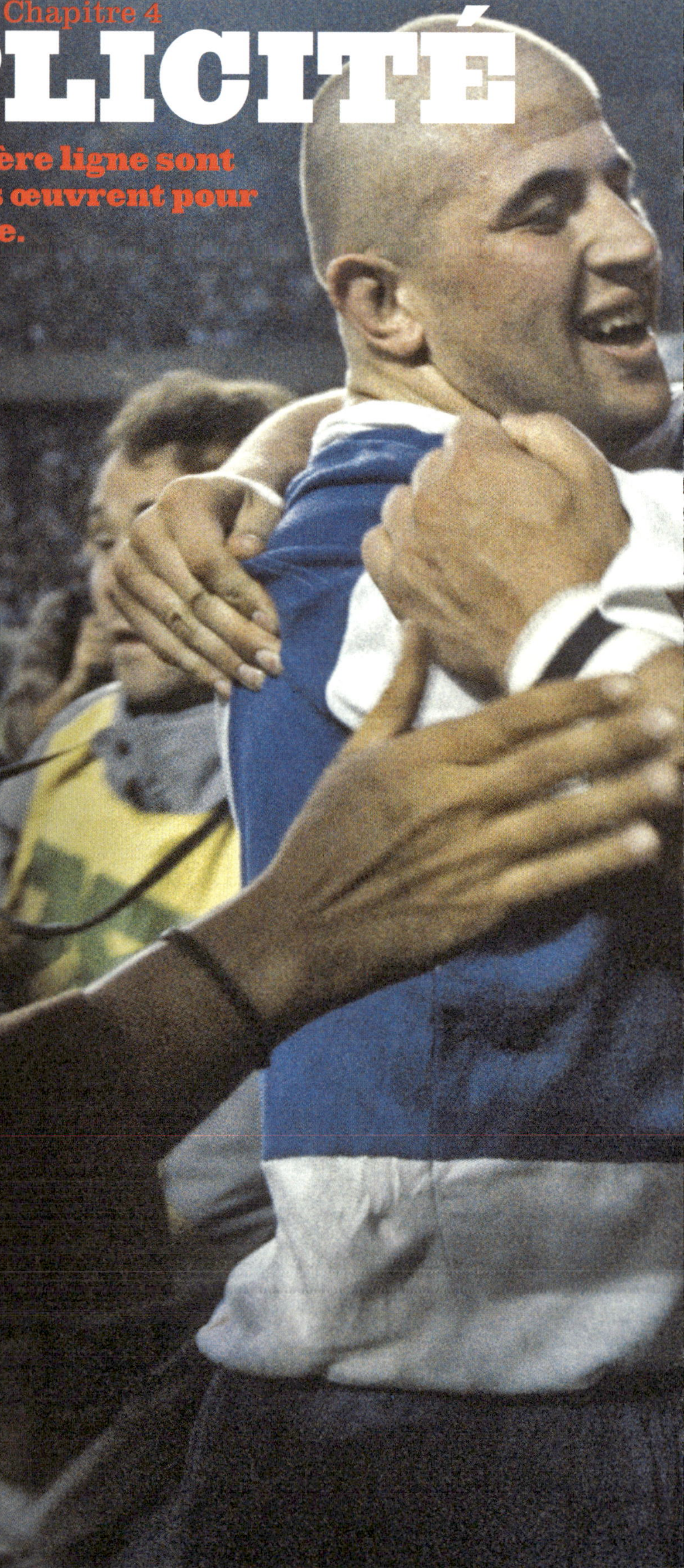

Certes, ils sont le pilier droit, le talonneur et le pilier gauche, mais en vérité ils ne sont qu'un. Parce que de la cohésion naît l'efficacité de leur tâche. On ne sait si c'est uniquement cette nécessité d'être en complète cohérence qui les rapproche au-delà du terrain ou bien s'il y a autre chose. Car à les écouter, c'est un lien particulier qui les unit. Et ce fil ténu ne se casse jamais, même par-delà les carrières ou l'éloignement. On reste à jamais attaché avec ses collègues de souffrance. Même si on n'a rien en commun. Avant match, après match, ils se quittent rarement. On aime bien cette image de William Servat qui, avant chaque match, va faire le tour du terrain avec un de ses piliers. Car cette relation est souvent ritualisée. Il y a cette manière de se regarder, de se souder avant le combat, et puis le partage après. Le besoin de se dire, de refaire les mêlées. Causer des liaisons, causer des enfants. Entre soi. Qui d'autre peut comprendre ce qui s'est passé lorsque la mêlée à la 54e s'est désaxée côté droit. Personne, sinon cette première ligne, et son adversaire direct. Avec lui aussi, il y a un putain de lien. Quelque chose de fort par-delà l'opposition, au-delà du match. Se mettre sur la gueule loyalement lie à jamais les hommes. On le voit lorsqu'ils se retrouvent au hasard de la vie, il y a dans leur accolade, dans leur regard, la nostalgie des empoignades de lointains dimanches.
C'est une complicité qui a survécu à la compétition et au besoin de dominer l'autre.

© CLÉMENT / L'ÉQUIPE

Serge Simon,
Philippe Grimbert
et Vincent Moscato,
champions de France 1991
avec Bègles, étaient
surnommés
« les Rapetout ».

FFR

« La relation des deux piliers et du talonneur, c'est quelque chose qui perdure bien après le rugby. C'est au-delà du jeu. Le mot amitié n'est pas assez fort pour exprimer ce que c'est, on pourrait parler d'amour. »

Hervé Juillet

« **Cette relation entre les gens d'une même première ligne ne meurt jamais.** C'est le compagnonnage des combats menés ensemble et des oppositions surmontées. Le genre de choses qui n'arrivent aujourd'hui que dans les épreuves tragiques, les inondations où les voisins unissent leurs efforts. Chez nous, cette mise en danger est hebdomadaire. »

Didier Retière

« **Nous formions une première ligne à l'ASM très complice et très complémentaire.** Il y avait Fouilloux qui était ouvrier-paysan, Costantino qui était employé EDF. Moi, j'étais étudiant en chirurgie dentaire. On avait un point commun en dehors de l'amitié, c'est qu'on aimait bien boire un coup de vin de rouge avant le match. Un Côte-d'auvergne que nous rapportait Fouilloux. »

Jacques Rougerie

« **Dans ce que j'ai vécu, la concurrence au sein d'une équipe n'a jamais altéré les rapports entre les joueurs du même poste.** J'ai connu un plaisir réel dans ces moments de vie, sur le terrain et en dehors. Mais ce que je retiens, c'est qu'il faut toujours respecter la pudeur des gens, ne jamais la provoquer, même chez les plus excentriques. Elle est là et faut la laisser tranquille car on a toujours des masques, une souffrance liée à notre parcours. C'est ce que j'ai retenu de cette vie de première-ligne, quand on te donne un peu, c'est déjà beaucoup, ne va pas chercher au-delà. »

Cédric Soulette

« S'il y a trois piliers au milieu de 500 personnes, ils vont vite se trouver. Le rugby a évolué mais nous, en première ligne, on continue de parler des mêmes choses. Globalement, les techniques restent les mêmes en ce qui nous concerne. Les hommes aussi. On demeure des épicuriens. On a le sens du partage, de la convivialité, et on psychote moins que les autres sur la diététique. »

Sylvain Marconnet

© LEGROS - TALIVEZ / L'ÉQUIPE

Jean-Pierre Garuet (Lourdes), Philippe Dintrans (Tarbes), Louis Armary (Lourdes) au côté de Jacques Fouroux. Une première ligne 100 % Bigorre pour le Grand Chelem 1981. À droite, le lien entre deux générations de piliers : Jean-Pierre Garuet et Olivier Milloud.

LA COMPLICITÉ

Le repas d'avant-match (à gauche) est un moment de partage où les première-ligne se resserrent. Ici, Guillaume Bernad et Julien Puricelli, en 2008 avec l'Aviron Bayonnais. Après la rencontre, les piliers éprouvent encore le besoin de se retrouver autour d'une table. Comme ceux de l'équipe de France des années 1970, Jean-Louis Azarete et Jean Iraçabal.

« Nous avions comme tradition, au Stade Français, d'organiser un repas une fois par mois juste entre première ligne. On y parlait de tout mais, invariablement, nous finissions par parler de mêlée. »

Dimitri Szarzewski

« **À l'annonce du nom du deuxième-ligne que tu vas avoir derrière toi,** tu sais si tu vas passer un bon dimanche ou pas. »

Thomas Saint Martin

« **Le talonneur ne peut rendre une mêlée plus belle,** plus renversante, que s'il a les piliers pour le faire. De même qu'il ne pourra pas plaquer vingt fois durant le match s'il se fait démonter en mêlée. »

Mathieu Blin

« **C'est fondamental de construire une relation.** Il y a des choses à vivre ensemble pour trouver les clefs de la mêlée et se libérer dans une compréhension de travail et d'efforts. »

Philip Fitzgerald

« **En première ligne, rien ne t'appartient.** C'est un kolkhoze, chacun travaille pour la collectivité. On fait tous les mêmes boulots, au même moment. »

Vincent Moscato

« **C'est l'implication qu'ont les joueurs les uns envers les autres qui fait que l'on prend ou non le dessus.** Lorsqu'à la 60e minute, vous êtes fatigué, et qu'un coéquipier est en difficulté, c'est le rapport humain que vous avez à l'autre qui fait que vous faites l'effort pour lui. »

William Servat

Soudée, la première ligne Garuet-Dubroca-Ondarts conduisit l'équipe de France en finale de la Coupe du monde 1987.

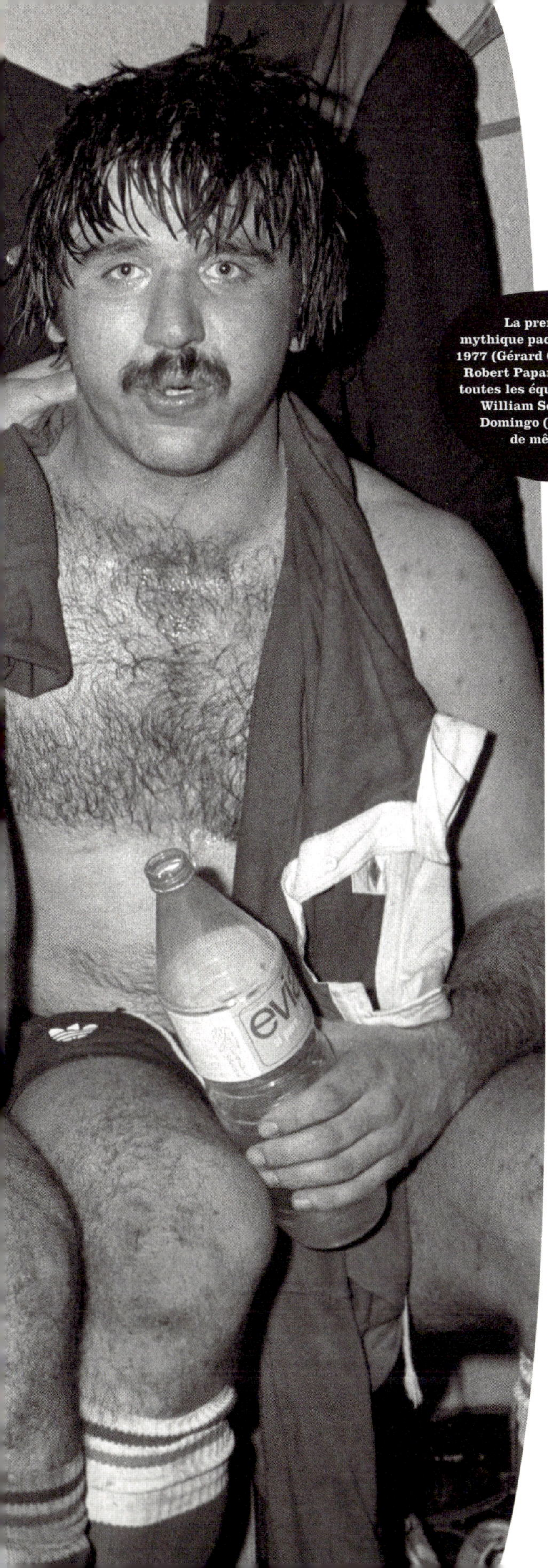

La première ligne du mythique pack du Grand Chelem 1977 (Gérard Cholley, Alain Paco, Robert Paparemborde) a bougé toutes les équipes britanniques. William Servat et Thomas Domingo (à droite) ont fait de même en 2010.

« **Je me rappelle chacun des joueurs avec qui j'ai joué** en première ligne depuis cadet, c'est-à-dire l'âge où l'on pousse les mêlées. »

Cédric Chaubeau

« **Avec Claude Portolan, on a grandi à cinq kilomètres l'un de l'autre.** Moi, à Saverdun et, lui, à Auterive. On a passé notre enfance puis notre adolescence à s'affronter avec nos villages. Quand on est devenus adultes, en seniors, lui est allé jouer à Toulouse, et moi à Clermont. Et l'on a ainsi continué nos duels. Car c'était l'affrontement de gamins qui continuait, cet enjeu de l'enfance qui perdurait, la fierté du môme de Saverdun contre celui d'Auterive, beaucoup plus que l'enjeu entre les deux grands clubs. Et puis, un jour, on a enfin joué ensemble, en équipe de France, contre l'Australie, en 1986. Ce fut un beau moment. Émouvant. Partager le même maillot le temps d'un match après s'être affrontés toute une vie. Et ensuite, retourner à nos affrontements. Sans un cadeau. Jamais. »

Philippe Marocco

« **Notre talonneur a été victime d'un cancer assez terrible.** Toute l'équipe l'a soutenu, veillé pendant deux ans. Et le jour de son enterrement, à Narbonne, tous ses avants étaient là. Cœur contre cœur, la gueule dans la boue, il se noue des relations fortes qui n'ont pas grand-chose de scientifique. »

Gérard Dine

 Chapitre 5

L'AVANT-MATCH

Quand l'homme se métamorphose en première-ligne...

C'est le temps du dépouillement. L'heure où l'homme ordinaire, le bon père de famille ou l'étudiant débonnaire se défait de ses oripeaux de civilisation pour entrer dans l'obscurité du vestiaire. Cette crypte hors du temps et du monde où prend place une organisation sociale régressive. Les gens dans cet espace s'adonnent à un retour à l'état de nature. Et parmi eux, plus profondément encore, les hommes de la première ligne qui doivent davantage que leurs camarades de jeu se préparer à un combat singulier. Il s'agit d'opérer cette métamorphose dont parle André Malraux dans les *Antimémoires*, celle d'un destin subi en destin dominé. Il n'est pas obligé de procéder à cette mutation de façon ostentatoire même si c'est souvent le cas, piliers, talonneurs ont alors le besoin de la sensation de l'autre, mais ce peut être aussi à travers une introspection, un retour intérieur comme le font plus volontiers les Anglo-

Saxons. On peut penser à l'adversaire ou à tout autre chose. Mais bientôt viendra l'heure ; la porte du vestiaire va s'ouvrir et laisser rentrer le bruit et la lumière du dehors. Il faudra alors quitter cet écrin pour regagner la fureur du monde, c'est-à-dire un match de rugby. Que ce soit pour se présenter sur la pelouse de Mayol, de l'Arms Park ou de Rambouillet, il convient d'être prêt, en colère ou en paix c'est selon, mais prêt à l'idée que l'on se fait de l'affrontement.

Le talonneur Raphaël Ibañez avec son pilier gauche Olivier Milloud, tout de rage contenue au moment des hymnes, avant France-Irlande, en 2006.

canterbury
GROUPE
LAUAK
AERONAUTIQUE - INDUSTRIE
AFFLELOU

2008. Les avants de l'Aviron Bayonnais regroupés en cercle. Ce sont les derniers mots avant le combat.

« J'avais cette crainte de me faire bouger en mêlée. Je n'avais pas envie de manger, mais envie de vomir. Alors, pour me rassurer, j'avais besoin de parler fort, de dire des conneries pas forcément drôles. »

William Rebeyrotte

« **Dans le vestiaire, tu enlèves tes habits d'homme civilisé** pour devenir première-ligne. Il se passe alors des choses de l'ordre du rituel et qui ne sont pas dans les normes de la société. Et qui ne doivent pas être montrées. Tu te dépouilles, tu vas chercher l'autre personnage qui est en toi. Cela relève de l'ordre de l'intime et n'appartient qu'à ceux qui sont là. »

Didier Retière

« **Je suis toujours dans le doute,** je me pose la question de savoir si je vais être à la hauteur. Il faut avoir confiance en soi, mais ne jamais croire non plus que c'est arrivé. Un jour ou l'autre, on passe à côté. Et puis, il ne faut jamais oublier que, dans ce sport, c'est celui qui en a le plus envie qui gagne. Et l'autre peut avoir plus envie que toi. Alors, avant un match, je suis stressé, j'ai les jambes qui tremblent, le premier contact me tarde. Après seulement, je peux me laisser aller… »

Dimitri Szarzewski

« **On a tous besoin de théâtre avant le match.** C'est important. L'équipe est rassurée de voir la première ligne prendre son café ensemble à midi. L'ailier a besoin de sentir la première ligne se resserrer dans le vestiaire. C'est du cinéma, mais ça compte. C'est une dramaturgie nécessaire avant d'aller se foutre sur la gueule. »

Mathieu Blin

L'AVANT-MATCH

« Je vis très mal l'avant-match. J'ai des moments presque de dépression tellement je suis mal, tellement j'ai peur de ne pas être au niveau. Je fais une prière dans le vestiaire. Cela m'apporte de la sérénité, du bon sens. Je ne veux pas décevoir les autres. »

Andrea Lo Cicero

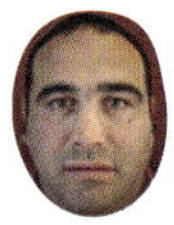

« **Quand tu es jeune, tu penses beaucoup à ton adversaire direct.** En général, c'est un gamin qui habite à vingt bornes de chez toi. Souvent, les adultes en rajoutent. “Il va te faire ceci ou cela.” Je me souviens que le pion du lycée avait raconté à mon vis-à-vis que j'avais mis une photo de lui dans ma chambre et que tous les soirs j'y mettais des coups de boule. C'était totalement faux, mais cela faisait partie du folklore. Et puis, en vieillissant, la préparation devient essentiellement collective. Maintenant, ils mettent ACDC à fond dans le vestiaire, nous, c'était plutôt dans notre Walkman ou bien sur la cassette de l'autoradio en allant au stade. Mais c'est un même besoin de se préparer au combat avec les copains. Plus que le match, ce sont ces moments qui me manquent aujourd'hui, ces regards, cette atmosphère de vestiaire que tu ne retrouves jamais dans la vie. Mais les liens qui se créent à ce moment-là resteront pour l'existence avec ceux avec qui tu les as tissés. »

Mariano Rabago

« **L'avant-match est un moment rempli de crainte.** De grande anxiété. La peur de ne pas être au niveau où les copains nous attendent. Mais cette peur est salvatrice, elle pousse vers l'avant, vers l'engagement total. Pour être dans cet état d'esprit de vouloir être prêt à se donner entièrement. Comme les corsaires qui brûlaient leur navire avant de partir à l'abordage afin d'être certains de se livrer sans retour. »

Cédric Chaubeau

Un échauffement de la première-ligne de Bourgoin par Laurent Seigne en 2002 (ci-dessus).

Jean-Michel Gonzalez, le pilier du Biarritz Olympique, peaufine en 2003 sa tenue de soirée.

« **Parfois, quand je sentais les gars pas tout à fait concernés avant un match,** je n'allais pas sur le terrain reconnaître la pelouse. Je restais prostré dans le vestiaire. Du coup, les mecs se disaient : "Oh là là, s'il est comme ça, ça va être sévère !" Mais c'était du théâtre ! »

Philippe Dintrans

« **Un première-ligne, c'est un mec qui pète, qui rote, c'est un mec qui va gerber avant le match.** C'est un mec qui a la chiasse parce qu'il a la trouille. Dans le vestiaire, on entend qu'il faut gagner ses duels. Mais les seuls qui vont aller vraiment livrer un combat frontal avec l'adversaire, qui vont avoir ce "privilège", ce sont les première-ligne. Les seuls à partager l'angoisse de cet affrontement. Et cette angoisse a une odeur. »

Hervé Juillet

« **Comme entraîneur, lorsque je m'adresse aux joueurs pour préparer un match alors qu'ils ont subi en mêlée lors du match précédent, je me contente de parler technique.** Je sais trop ce qu'ils vivent à l'intérieur, je connais trop cette souffrance pour évoquer des questions d'honneur, pour toucher à l'affectif. Je laisse ça à ceux qui n'ont pas joué en mêlée. Ça peut fonctionner sur le court terme, mais le risque est grand, car tu peux toucher à des choses profondes dans l'homme, tu peux le blesser pour toujours et laisser des traces qui ne s'effaceront pas. »

Yannick Bru

« On jouait à l'extérieur. Mes coéquipiers de la première ligne, Alain Baranowski et Jeannot Costantino, s'étaient levés à l'aube le jour du match pour se masser au Dolpic. Du coup, à l'heure de la balade en ville à quelques heures du coup d'envoi, ils étaient plus que chauds. Ils mettaient des grands coups de casque dans tout ce qu'ils rencontraient. C'est comme ça qu'on les a retrouvés, en suivant à travers les rues les gouttières déformées. »

Jacques Rougerie

Nasser Benamor, pilier de l'équipe d'Algérie, se prépare à l'affrontement en 2010, tandis que les trois-quarts enfilent leurs chaussettes. Tout un symbole !

© LANGEVIN / L'ÉQUIPE

NIKE
NIKE

La première-ligne du quinze de France en 2009 : Lionel Faure, Dimitri Szarzewski, Sylvain Marconnet.

« J'ai débarqué de mon Écosse natale en Provence pour mes études de droit. J'ai commencé en juniors Reichel au RC Toulon. Mon premier match, c'était contre Châteaurenard. Les avants, on est restés enfermés dans le vestiaire de 10 m², on n'est pas allés s'échauffer. On m'a expliqué comment déclencher une bagarre générale. Je me disais : mais c'est quoi, ces fous ? En même temps, cela m'a plu, car en tant que talonneur, je me suis senti valorisé. Ici, les stars ce sont les première-ligne… Dans *Var-Matin*, les grandes photos, ce sont les première-ligne. Moi, je venais d'un club de trois-quarts, celui des frères Hastings… »

Philip Fitzgerald

« Il y avait deux moments importants pour moi avant le match. D'abord le massage, qui t'amène à une introspection. Un moment où je sais qui je suis, où j'aborde mon voyage. L'avant-match, c'est aussi le privilège d'avoir un coach qui connaisse ta sensibilité et qui va te dire les vraies phrases, de manière intelligente parce que liées à ta personnalité. Tu lui ouvres une porte, non comme une victime, mais conscient qu'il a les bons mots pour te sublimer. Ceux qui vont te faire monter vers cette folie, vers cette envie de combattre, prêt à croiser le premier regard venu dans le couloir en sortant du vestiaire et te libérer quand tu fouleras de tes premiers pas la pelouse… »

Cédric Soulette

© MANTEY / L'ÉQUIPE

Chapitre 6

LA MÊLÉE

Levée du secret-défense sur la phase de jeu la plus mystérieuse du sport.

© MOUNICI / L'ÉQUIPE

C'est le postulat majeur du rugby. La mêlée est ce qui distingue ce sport des autres disciplines. La mêlée est l'élément constitutif du rugby, son combat premier, l'origine aussi de la dénomination des autres postes et du jeu. On est côté ouvert par rapport à la mêlée. Ailier gauche en regard de celle-ci. Comme du reste dans l'esprit du grand public qui, s'il doit donner une seule image du rugby, livrera celle de la mêlée. Sa fréquence durant un match a diminué de nos jours, mais elle n'en reste pas moins déterminante sur le sort de celui-ci. C'est une partie essentielle de ce qu'on appelle la conquête, c'est-à-dire le lieu du gain du ballon. Sans quoi, il n'y pas de victoire possible. Il y a deux exemples majeurs pour le démontrer : les All Blacks et le Stade Toulousain. Les premiers ont, pendant une courte période, délaissé ce secteur avant d'en faire à nouveau l'une de leurs priorités avec un entraîneur spécifiquement dévolu à cet exercice. Quant au Stade Toulousain, qui est une référence en matière de jeu de mouvement, on constate, depuis quinze ans qu'il domine le continent européen, qu'il a toujours disposé d'une très forte mêlée et des meilleurs joueurs de première ligne du pays. C'est aussi là-dessus que le Stade Français a bâti son renouveau sous l'ère Guazzini, avec des paillettes pour décor, mais derrière lequel officiait une première ligne de fer. La mêlée constitue quelque part l'âme d'une équipe, au-devant de laquelle se trouvent ces joueurs de première ligne, c'est-à-dire ceux qui se trouvent étymologiquement sur la ligne de front. Paroles de poilus.

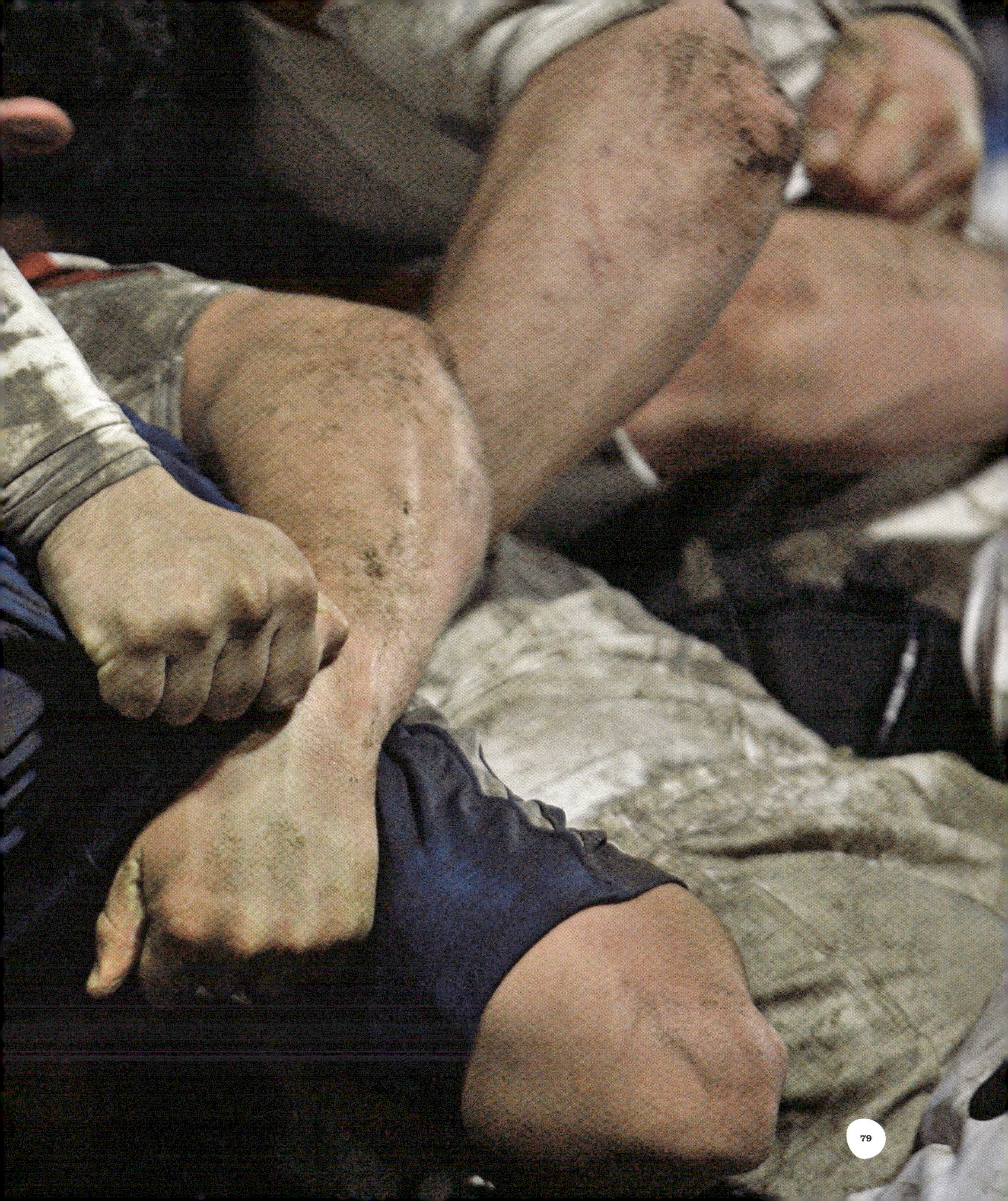

« Et ce n'est pas le plus gaillard qui prend forcément le dessus, c'est le plus intelligent. »

Jean-Pierre Garuet

« La mêlée n'est jamais une vérité qui dure. »

Pierre-Édouard Detrez

« **Ceux qui ont des certitudes** en mêlée, ce sont des cons. »

Yannick Bru

« Faut arrêter de raconter des conneries, ou t'es une pipe ou t'as le niveau. Dans ce cas, tu n'emportes pas le gars sur 50 mètres, par ailleurs, je ne suis jamais non plus passé sur la tête de quelqu'un. Non, ce sont des petits riens que l'observateur extérieur ne voit pas, mais qui te permettent de jauger de l'intensité à venir, du confort qui t'attend ou des astuces qu'il te faudra trouver. Mais ce sont ces petits riens qui sont intéressants. Je vais pousser un peu plus ? Ou, au contraire, ne vais-je pas laisser trop d'énergie pour me proposer dans le jeu ? »

Cédric Soulette

« La mêlée a évolué, elle est désormais complètement disséquée, analysée par l'adversaire. Elle a une part d'ombre moins forte que naguère. Toutefois, cela reste un domaine où l'on ne peut totalement rationaliser les choses comme on l'a fait pour les autres compartiments du jeu. Il reste une partie non visible, des paramètres qu'on ne maîtrise pas, un joueur qui s'adapte mal à la morphologie de son adversaire, un gars qui faiblit, si bien que cela nécessite beaucoup d'adaptation. Et donc, on a toujours des doutes dans ce secteur. Mais quelle que soit l'évolution, la mêlée reste une épreuve de force incontournable qui fixe le moral de l'équipe. »

Yannick Bru

Qu'il s'agisse d'une mêlée entre étudiants anglais des Midlands en 1957 ou d'un entraînement de l'équipe de France vingt ans plus tard sous la direction de Jacques Fouroux, l'engagement physique est du même ordre.

« Il y a beau avoir une multitude de techniques en mêlée, des tactiques différentes, des variantes dans les liaisons, cela reste à la fin une affaire d'hommes, une histoire de tripes, de cœur, de courage. Parce que, lorsque tu mets une intensité folle dans cet exercice, tu peux renverser des montagnes. »

Yannick Bru

« **Si, pour les autres joueurs, le stress d'avant match s'en va sur les premières actions,** pour nous, il ne retombe un peu qu'après la première mêlée. Car il y a toujours la part d'inconnu de l'adversaire. Même si sur la première mêlée, souvent, il ne se passe pas grand-chose. C'est une mêlée pour voir. Pour autant, le stress ne s'en va jamais complètement, car on est toujours en attente de la prochaine mêlée. Car chacune d'elles est une remise en question. N'importe quel pilier peut te faire monter, c'est comme en boxe, n'importe quel coup peut être fatal. »

Sylvain Marconnet

« **La mêlée est un jeu de force et le pilier droit concentre le plus de force sur lui :** il affronte le talonneur et le pilier gauche plus la deuxième ligne. Quand tu vas jouer une équipe, tu regardes d'ailleurs toujours qui joue en deuxième ligne. De la même manière, la poussée de ton deuxième-ligne est fondamentale. À ce moment, le but de l'adversaire, c'est de faire céder le pilier droit. Le pilier gauche adverse essaie de te viser le sternum. Ensuite, il tente de passer dessous pour pousser avec son cou et te relever, il faut alors le verrouiller avec le bras droit. Pour tout cela, il faut être bien gainé, avoir un cou et un thorax solides. Mais le moment essentiel, c'est l'entrée en mêlée. L'impact. Et ça dépend beaucoup de la cohésion de la première ligne. Si t'es bien placé à l'impact, après… »

Benoît Lecouls

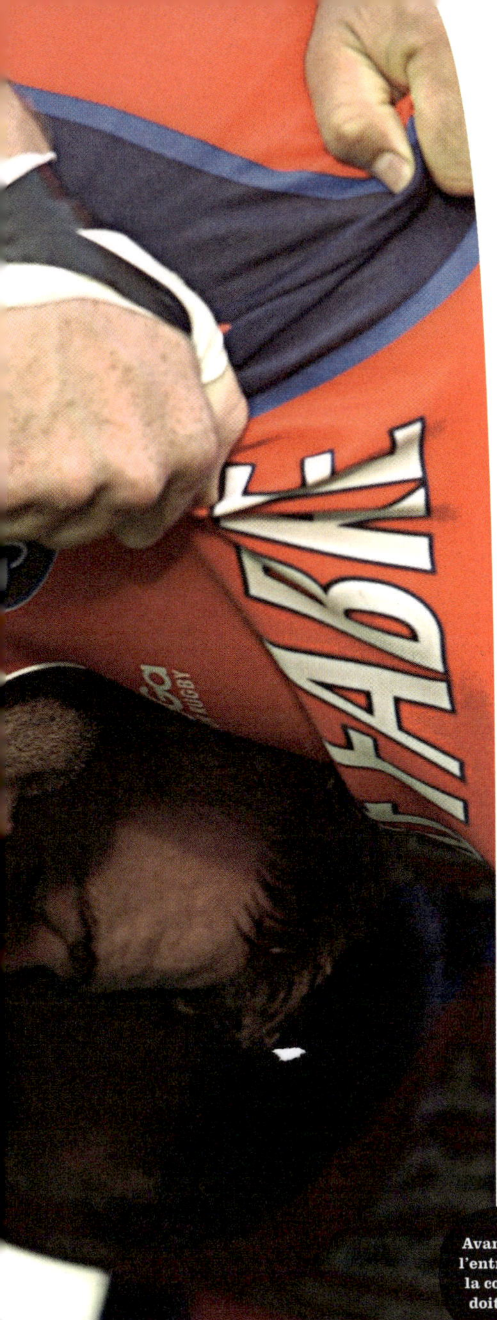

« **Le droitier a deux joueurs contre lui : le talonneur et le pilier gauche.** C'est la poutre de l'édifice. Il doit s'engouffrer entre le talonneur et le pilier gauche. Son but est de les désolidariser afin de disloquer la mêlée adverse, comme Jean-Pierre Garuet l'avait fait face à l'Australie, en demi-finales de la Coupe du monde, en 1987. Le gaucher, lui, doit pousser sous le pilier droit pour le décoller du sol. Il doit être très lié au pilier gauche et rentrer en biais sur le pilier droit, en exerçant une poussée vers le haut. Un petit doit se mettre le plus bas possible et se rapprocher au maximum de son adversaire afin que celui-ci ne puisse s'allonger. Si tu es près de lui, tu auras le dos rond. L'impact est fondamental, il doit être simultané. Mais au final, c'est une épreuve à huit. Même un troisième-ligne centre a son importance dans l'édifice, s'il rentre à contretemps, il peut nuire à l'équilibre. Comme un troisième-ligne, en poussant mal, peut déstabiliser son pilier. C'est vraiment une épreuve de force collective. »

Didier Sanchez

« **Il y a une forme de paradoxe dans ce qu'est la mêlée** c'est-à-dire qu'elle demande une organisation cohérente, structurée et en même temps de l'animalité, de l'instinct, de l'altruisme. C'est certainement de cette ambivalence que vient le culte de la mêlée. »

Cédric Soulette

Avant l'impact de l'entrée en mêlée, la concentration doit être totale.

« Je sors avec un bagage culturel plus important après chaque mêlée. Je tire une connaissance de chacune d'elles. Car chaque mêlée à laquelle tu participes t'apporte une sensation différente. Tu dois t'adapter à ce que te propose ton adversaire, en fonction de ce qu'il est, du moment. S'il est agressif, courageux, méchant, malin. En revanche, je n'ai jamais vu un pilier dire : "Allez, vas-y, démolis-moi." Chaque moment est donc singulier. Je ne sais pas combien de fois dans ma carrière je suis rentré en mêlée. Mais je me rappelle chacune d'elles, parce que chacune d'elles a été particulière. »

Andrea Lo Cicero

Le choc, en décembre 2010, entre les packs de l'ASM et de l'USAP.

© FÈVRE / L'ÉQUIPE

« La mêlée, c'est plus que du rugby, c'est le plus beau des combats, parce qu'il est loyal. On se teste à balles réelles. Quand l'arbitrage est cohérent, c'est le défi pur, une histoire d'hommes et de caractères. »

William Servat

« Il y a deux matches : le match de rugby et la mêlée. Le rugby commence au coup d'envoi. C'est le jeu. La mêlée, c'est l'honneur. Le paradoxe, c'est que tu peux avoir perdu le match de rugby et gagner le match de la mêlée. Ou l'inverse. C'est pour cela que, après la rencontre, le ressenti des gars de la première ligne n'est pas le même que celui des autres joueurs de l'équipe. Et ils ne peuvent l'exprimer car il n'y a qu'eux qui ont vécu et ressentent cela. Un peu comme les gens qui dans la vie ont vécu des trucs difficiles et qui n'en parlent jamais, parce que personne autour d'eux ne pourrait comprendre. »

Didier Retière

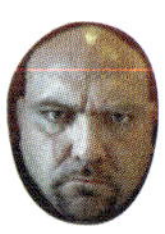

« C'est un jeu d'action et de réaction. Comme en boxe, où tu tapes en bas pour faire baisser la garde pour ensuite frapper en haut. Il faut faire déjouer l'autre en fonction de certaines informations. Par exemple, comment s'est-il posé à la dernière mêlée. L'idée, c'est d'imposer ce que l'on veut faire. Mais c'est un jeu d'échecs très technique, l'orientation de l'impact, faire pivoter ou non les épaules, mettre son poids ou pas… »

Cédric Chaubeau

France-Irlande 1962. Pierre Lacroix vient d'introduire le ballon. Alfred Roques, Jean Laudouar et Amédée Domenech font face à P. Syd Millar, Ronnie Dawson et P. Ray McLoughlin .

JEUNESSE

Finale de la Coupe du monde 2007. Le pilier gauche anglais Andrew Sheridan a réussi à désaxer son vis-à-vis, le Sud-Africain C.J. Van der Linde.

Béziers-Lourdes en 1982. Face à Jean-Pierre Garuet, il y a Armand Vaquerin. Un match dans le match.

« **C'est la mêlée, la mêlée de la gagne.** Tu n'as pas besoin de te parler. Tu sens à la manière dont ton deuxième-ligne te prend le maillot que ça va envoyer la soudure. T'as la tête coincée entre le pilier gauche adverse et le talonneur. Tu sens l'énorme poussée des collègues, le gars en face résiste, résiste, tu pousses de tout ton être, t'as la tête comprimée, les tempes qui vont exploser, il commence à céder puis soudain plus rien… Tu te relèves et là, t'as de la neige devant les yeux, certainement le manque d'oxygénation du cerveau en raison de la pression. T'es satellisé, t'as la sensation d'avoir bu trente demis en vingt secondes… Et puis, on te tape sur l'épaule : "Eh, gros, on a marqué !" »

Mariano Rabago

« À Lourdes, on avait une tradition, si j'arrivais à soulever le pilier d'en face, les dirigeants payaient la tournée de Ricard à toute l'équipe. Alors je me concentrais tout le match pour offrir la tournée à mes copains. »

Jean-Pierre Garuet

« **Daniel Herrero nous disait, à nous les piliers :** "Si votre troisième-ligne ne pousse pas, si vous n'en êtes pas contents, vous me le dites, on le vire !" »

Thomas Saint Martin.

« **Nous avions lancé à Nîmes "la mêlée en chantant".** Dès que nous avancions, et uniquement quand nous avancions, nous chantions deux publicités de l'époque : "Pousse, mousse, ça pousse et ça mousse, c'est bien plus malin pour se laver les mains." Et puis : "Heureusement il y a Findus !" Ce n'était pas un manque de respect de l'adversaire, c'était au contraire une manière de célébrer le travail que nous avions réalisé pour arriver à cela. Et aussi une manière de conjurer notre trouille. Lors d'un match à Foix, le pilier gauche d'en face s'est même mis à chanter avec nous. »

Pierre-Édouard Detrez

« **Avant de rentrer en mêlée, tu sais si tu fais bloc avec les sept autres gars.** D'autres fois, tu sens que tu n'es pas bien avant de rentrer et tu te dis qu'en face il ne va pas falloir qu'ils poussent. Ensuite, c'est à l'impact que tout se passe. Il n'y a que des gars exceptionnels qui peuvent modifier une situation après l'impact, mais, des gars comme ça, tu en as un tous les dix ans. Un Garuet, un Gallart… Sinon, même un bon pilier ne peut rien faire s'il est pris à l'impact. »

William Rebeyrotte

« **Le moteur de la mêlée, ce sont les deuxième-ligne.** Les première-ligne sont l'arc-boutant qui transmet la force, mais c'est la poussée des deuxième-ligne qui fait la cinétique. »

Gérard Dine

 Chapitre 7

LES DESSOUS DE LA MÊLÉE

Mise en lumière de quelques sombres faits et gestes.

Fallait-il en parler ? Si l'on a appelé cela mêlée fermée, c'est peut-être parce que cet univers clos a pour vocation de le rester. Il y a quelque chose du secret, de monacal, dans cet exercice crypté qui se joue entre quelques individus devant tout un chacun, la grande tribune et les caméras du monde entier mais, paradoxalement, à l'abri de tous. On a photographié le sport sous tous ses angles, il n'est pas une parcelle d'événement sportif qui n'ait été filmée. Un seul résiste à *Big Brother*. L'intérieur d'une mêlée durant un match. Ce n'est pas anodin, cela montre bien combien ce qui s'y passe reste l'énigme majeure du sport. Et au-delà. La modernité s'évertue à vouloir tout comprendre de nos gestes, des mécanismes de la vie, eh bien, en voilà un qui résiste encore et toujours à la sagacité de l'époque et à sa volonté de vouloir tout savoir. Au terme de ce chapitre, on ne saura pas davantage ce qu'est le cœur de cet enchevêtrement mais on aura entendu des petites histoires qui suggèrent plus qu'elles ne décrivent ce monde opaque et définitivement mystérieux que les inventeurs de ce jeu appellent *Scrum* : *Sublimate Company, Rustic, Unic and Mysterious.*

« Quand ça partait en caramel, j'étais toujours là, tout de suite, même si je n'ai jamais fait mal à personne. Mais le talonneur est toujours au premier rang quand ça pue. C'est une manière pour lui de payer sa dette à ses deux gros. »

Mathieu Blin

« **Si la vidéo avait existé,** je n'aurais pas beaucoup joué. »

Manu Diaz

« **À notre époque, il y avait quelques brebis galeuses,** des mecs qui mettaient des coups sans raison. Mais on s'autorégulait. Quand quelqu'un trichait, il y avait sanction, pas besoin de l'arbitre. Aujourd'hui, t'as des mecs qui trichent impunément, ils écroulent les mêlées et parfois ils obtiennent les pénalités. À l'époque, en faisant cela tu risquais un petit coup de crampons dans la tête, ça faisait réfléchir. Je trouve que c'est dommage d'avoir perdu cette petite autodiscipline. C'était sain. Car aujourd'hui les arbitres ne peuvent pas voir qui écroule la mêlée, faut être du bâtiment pour cela. »

Pierre Dospital

« **C'était un match avec l'équipe de France universitaires à Cardiff contre le pays de Galles.** Sur la première mêlée, j'avais sous-estimé mon vis-à-vis qui était flinguette, j'étais rentré tranquille et, là, il m'a verrouillé tandis que mon deuxième-ligne, Michel Palmié, poussait com-me un bœuf derrière. Je me suis vu mourir, pris dans cet étau, je me suis dit t'es foutu et, là, l'oreille de mon adversaire est passée à ma portée. C'était son oreille ou moi. J'ai mordu son lobe tant que j'ai pu pour qu'il desserre son étreinte. C'est ce qui m'a sauvé. »

Jacques Rougerie

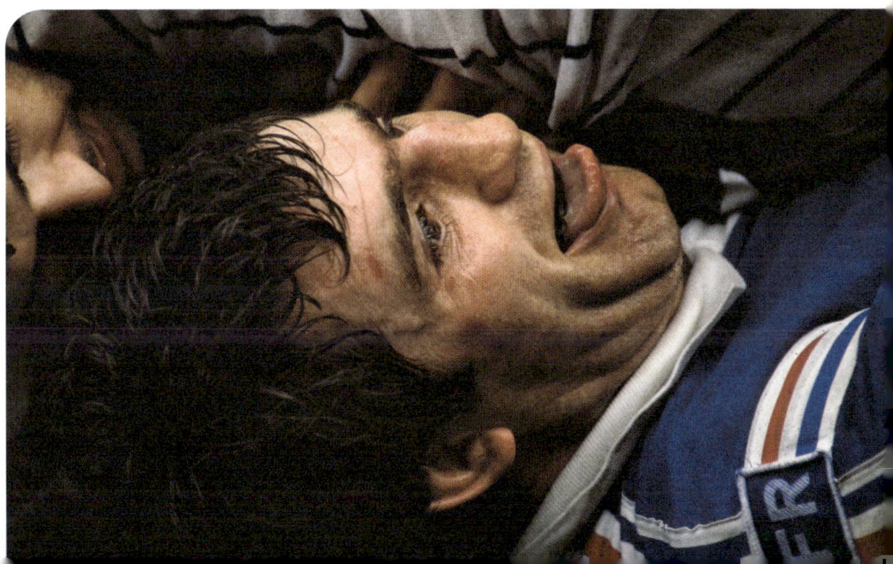

Qu'importe son nez sanguinolent. Pascal Ondarts repart au combat sous l'aile de Daniel Dubroca, lors de France-Ecosse en 1987.

À droite, Louis Armary sous un Écossais en 1982.

LES DESSOUS DE LA MÊLÉE

Pour les cadets de West Point, même les dessous d'une mêlée sont formateurs.

Ci-dessous, Dimitri Szarzewski portant sur sa peau en 2008 les couleurs du Stade Français.

© FÈVRE - DOULIÉRY / L'ÉQUIPE

« Il faut reconnaître que les dessous de mêlées n'étaient pas d'une grande galanterie. Heureusement, le professionnalisme a fait disparaître tout cela. Mais à l'époque, on se tricotait le faciès davantage en dessous qu'au-dessus de la mêlée. Et moi, voyez-vous, je préfère la morale du dessus à celle du dessous. Celle-ci n'est jamais belle car elle n'est pas loyale. Quand, dans un regroupement, je sentais des doigts sur la figure qui me fouillaient les yeux, je saisissais la main afin de pouvoir reconnaître à qui elle était quand tout le monde se relevait du regroupement. Et alors je pouvais courir sur quarante mètres à l'intérieur du camp adverse, ce qui m'était souvent reproché par mes partenaires, – c'est dangereux de s'aventurer seul comme ça chez l'adversaire –, mais pour moi c'était impensable de ne pas régler le problème, de ne pas châtier immédiatement l'auteur de ce geste odieux, sale. Ce n'était jamais de grands joueurs ou perçus comme tels qui se rendaient coupables de ça. C'était du bas étage. Le défi est ailleurs. C'est autre chose d'être tête à tête ou d'aller plus loin que l'autre dans la vitesse avant l'impact, parce que c'est également dangereux pour soi. Ce n'est pas du même ordre ni le même discours pour être efficace dans ce processus d'affaiblissement de l'adversaire. »

Cédric Soulette

3

« C'était lors d'un match de Coupe des Provinces, le Centre contre le Languedoc-Roussillon. On me dit : "Tu vas jouer Armand Vaquerin". On parlait de son retour en équipe de France. Après la première mêlée, il me dit : " Ça va, Pierre-Édouard ? " Je lui réponds : " Oui, ça va, et toi Armand ? " Il me dit : " Pas du tout, j'ai fait la fête hier, je ne suis pas bien du tout, je leur ai dit que j'avais une angine, alors je te propose qu'on se fasse pas chier, chacun ses ballons en mêlée". "C'est d'accord Armand !" »

Pierre-Édouard Detrez

Mieux valait ne pas contrarier ce seigneur du rugby qu'était Armand Vaquerin, le joueur le plus titré en Championnat de France. À droite, il se prépare à entrer en mêlée face à Daniel Dubroca (Agen), lors de la finale 1984 qu'il va remporter avec Béziers.

LES DESSOUS DE LA MÊLÉE

« Lorsque tu as poussé très fort en mêlée, tu te relèves et tu vois les étoiles. À ce moment, le match te semble se jouer au ralenti. Tu as la sensation que tu n'es pas dans le même temps que les autres. »

Didier Retière

« **Un match contre le Racing en Nationale B.** J'ai senti la main de Tachdjian passer sur mes yeux avec cet avertissement : "Petit, pousse droit". J'ai dit : "Oui monsieur", et j'ai poussé droit. Ce qui m'a notamment permis de terminer la partie. »

Thomas Saint Martin

« **Mon premier match en équipe première, c'était dans le vieux stade de Tarbes.** J'avais l'impression qu'il y avait des milliers de personnes, il y avait mes parents dans la tribune et la petite fiancée. On jouait contre Pau c'est-à-dire face à Robert Paparemborde. Je suis rentré plein fer, je l'ai pris en pleine tête et là j'ai vu des étoiles partout. Je me suis dit : "Si c'est ça ce sport, ça va être dur." "Patou" m'avait mis un grand coup de casque et, après, a poussé en travers. J'avais un pilier néo-zélandais à côté de moi. Il lui a dit : "Patou, pousse droit." Deuxième mêlée, Patou recommence. Mon pilier me souffle : "Il a dû oublier." Et il lui répète : "Patou, pousse droit". Mais Patou a continué. Alors le Néo-Zélandais lui a fermé l'œil et Patou a poussé droit. Mais cela aurait été un match international, il aurait continué comme ça jusqu'à la mort. »

Philippe Dintrans

La mêlée du quinze de France à l'épreuve du joug en 1992. Un travail de fond essentiel. Car lorsque les piliers plient et que la mêlée s'écroule, comme ici en 2000, lors de France - Nouvelle-Zélande, c'est Sylvain Marconnet qui se retrouve la tête à l'envers.

Chapitre 8

LA DOMINATION

La jubilation ou la honte, les sentiments cachés des première-ligne après la mêlée.

© L'ÉQUIPE

Presque aucun des joueurs de première ligne que nous avons interrogés n'a parlé de la sensation de dominer son adversaire. C'est un sentiment que la pudeur les empêche d'exprimer. En revanche, ils se sont abondamment livrés sur la douleur de subir, sur l'effroi de reculer. C'est d'ordinaire une expérience qu'ils gardent en eux. C'est une souffrance muette. Elle est beaucoup plus dure qu'on pourrait le supposer. C'est un sentiment lourd, qui touche au plus profond de l'être, à l'estime de soi. Et l'essentiel du temps, nous, journalistes, public, passons à côté de ces silences sans les comprendre. Une fois, lors d'une rencontre France-Irlande, Julien Brugnaut nous avait livré cette blessure après un match où il avait été laminé en mêlée en plein après-midi au Stade de France. Il avait raconté sans fard l'état psychologique dans lequel il se trouvait. C'était un homme profondément abattu. Et ce jour-là, tous les piliers de France étaient tristes. Car dans ce combat de la mêlée, même les plus grands ont un jour subi. Tous ont connu cette blessure narcissique qui construit forcément ces hommes d'une essence singulière.

AUSSEUR
Corbières
BIJOUT
BOUSQ
8
7

Narbonne-Montauban en 1975. Le pilier droit est soulevé par les actions conjointes du talonneur et du pilier gauche adverses.

« C'est certainement le sport où la notion de domination peut changer le plus vite, c'est-à-dire d'une mêlée à l'autre. »

Thomas Saint Martin

« Si j'avais été pris en mêlée, je veux dire souvent pris, car être pris cela arrive à tous, cinq ou six fois dans l'année, mais si j'avais été pris régulièrement, j'aurais arrêté le rugby. Ben oui, moi, je jouais à Toulon ! »

Manu Diaz

« Cela peut arriver à tout le monde d'être dominé, sur une deuxième ou une troisième mêlée où tu n'es pas concentré. Et les gens ne se souviendront que de ça. C'est notre hantise. Une fois Patou *(Robert Paparemborde)* s'était fait prendre à Oloron par Jojo Lees. Là-bas, ils en parlent encore. »

Pierre Dospital

« C'était un match à Grenoble avec le Stade Français. Notre premier match avec Pieter *(De Villiers)*. On en bavait terriblement. Introduction pour nous, Xavier Blond, notre troisième-ligne centre récupère la balle dans les pieds et, là, il se sent pousser des couilles et commande une deuxième poussée. Il ne se rendait pas compte à quel point on souffrait et on s'est fait emporter. La honte ! »

Sylvain Marconnet

« Le rugby, pour nous première-ligne, est un jeu qui fait mal à la fierté. Car lorsque tu te fais secouer, t'as mal physiquement mais t'as encore plus mal à ton image d'homme. C'est dur, humiliant de passer pour un con devant tout le monde, de perdre la face. »

Didier Retière

LA DOMINATION

« Ce n'est pas parce que tu as tué quelqu'un que tu en sors grandi. Au contraire, c'est lorsque tu t'arrêtes avant que tu deviens un seigneur. »

Jean-Pierre Garuet

« **Le pilier le plus fort que j'ai rencontré c'était l'Écossais Iain Milne**. Lors du match du Tournoi des Cinq Nations, France-Écosse en 1987. Patou (Robert Paparemborde) m'avait appelé pour me mettre en garde : "Prépare-toi." Dospi aussi : "Cela va être très dur." Cela a été mon meilleur après-midi. Quelques mois après, on rejoue l'Écosse lors de la Coupe du monde en Nouvelle-Zélande. J'ai passé le plus mauvais après-midi de ma vie. Il n'y a pas de logique. Le pilier Sole pesait 90 kilos, or personne n'a passé une journée tranquille avec lui. Si tu le mésestimais, il te punissait. »

Pascal Ondarts

« **Vis-à-vis des collègues, tu essayes de dire que tu t'en es sorti** mais, au fond de toi, tu sais. Et parfois les plus grosses branlées ne se voient pas, soit parce qu'il n'y a pas eu beaucoup de mêlées, ou que les gars en face n'en ont pas profité, n'ont pas insisté, mais tu sais que ton vis-à-vis faisait ce qu'il voulait de toi, qu'il aurait pu t'emporter. Et ça, c'est le pire. C'est une humiliation. Et qui peut te miner longtemps. »

William Rebeyrotte

Perpignan-Biarritz en 2003. Petru Vladimir Balan cède sous la poussée de Nicolas Mas et Nicolas Grelon.

Entre Agen et Narbonne (ci-dessus en 1975) comme entre Montferrand et Bègles (en haut à droite en 1999), la volonté des packs d'imposer leur puissance a souvent dégénéré.

L'abattement de la première ligne française (Garuet, Dubroca, Ondarts) à l'issue d'un nul 20-20 face à l'Écosse lors de la Coupe du monde 1987.

« **Lorsque tu es pris en mêlée, t'es dans un état de panique vitale.** Quand le droitier adverse te bloque l'épaule, le gaucher la tête, quand le talonneur t'enfonce au niveau du plexus et que ton deuxième-ligne derrière pousse comme un bœuf, tu es dans l'urgence, dans un stress absolu. C'est à ce moment que l'on voit la tête du talonneur sauter comme un bouchon de champagne. Mais toi tu as hâte que cela se produise. »

Mathieu Blin

« **C'est une sensation incroyable quand tu arrives à emmener ton pilier, que tu le conduis.** C'est ton moment. C'est toi le patron. Mais après, il va falloir recommencer. Et là, rien n'est écrit. Ce n'est qu'à la fin du match que l'on peut savoir. »

Andrea Lo Cicero.

« **Les gens de première ligne sont des gens fiers.** Être dominé en mêlée est une humiliation importante. Et personne ne veut vraiment l'assumer. Alors tu te raccroches à des choses pas toujours objectives : ils ont triché ; l'arbitre… Tu n'es pas toujours honnête dans les explications que tu te donnes mais c'est simplement pour pouvoir vivre avec, pour t'accommoder avec ce sentiment presque de honte. Et tu n'aspires qu'à une seule chose : remonter très vite sur le ring et aller chercher au plus profond de toi-même pour ne plus connaître ça. »

Yannick Bru

errea

« Il y a eu cette fameuse mêlée contre Biarritz, à la quatrième journée en 2010, où je suis monté en l'air face à Fabien Barcella. J'ai ressenti une grande honte. Pas vraiment vis-à-vis de moi mais pour ma famille, ma femme, mes parents, les photos étaient en grand dans *L'Équipe*. Ce jour-là, je n'ai pas été à la hauteur. Je revenais de blessure, je n'étais pas prêt physiquement, j'ai manqué d'attention. Fabien a été très intelligent. On n'est pas des gamins, ça a été ma faute, ma responsabilité. Après le match, on ne s'est pas parlé avec Fabien. Il était gêné vis-à-vis de moi. Il a été très bien dans les interviews. Dans ces cas-là, on n'en rajoute pas, on sait que cela tient à rien, le respect demeure. Mais moi, le soir, je me suis dit que cela n'arriverait plus jamais ou tout du moins que j'allais tout faire pour que cela ne se reproduise plus. J'ai travaillé très dur la mêlée, notamment avec Didier Sanchez. Finalement, cette mêlée m'a beaucoup aidé. Elle m'a rendu plus fort. »

Nicolas Mas

© RONDEAU / L'ÉQUIPE

« Les gars, quand ils jouent contre un pilier de l'équipe de France, ils veulent faire leur match. Ils veulent attaquer la forteresse, mais faut tout de suite leur montrer qu'elle est imprenable. »

Jean-Pierre Garuet

« **Quand tu as été pris, il y a presque les symptômes du viol, tu te sens sale, l'autre a pu faire ce qu'il voulait de toi.** C'est quelque chose qui reste longtemps en toi. Jusqu'à la prochaine fois où tu le rejoues. Tu te prépares à cela. Comme le taureau à la pique qui y va pour la deuxième fois, tu sais que cela va faire mal mais tu y vas deux fois plus fort. Tu m'as châtié mais là on va voir comment ça se danse. En tout cas, je ne serai pas résigné. »

Cédric Chaubeau

« **Quand tu as subi en mêlée, c'est un profond cauchemar, toute la misère du monde te tombe dessus.** Tu as failli à ton devoir. Moi en tant qu'entraîneur, je ne supporte pas, à ce moment-là, que les trois-quarts viennent plaisanter là-dessus avec des remarques du genre : les gars, aujourd'hui, vous avez mis la marche arrière. Car on doit le respect à ces gens-là. Surtout à ce moment où ils sont dans la souffrance. Ils doutent, ils n'ont alors besoin de personne pour les enfoncer, ils le font d'eux-mêmes. Au contraire, c'est là qu'il faut les rassurer ; un peu comme un gamin qui a des difficultés à l'école, si tu lui dis qu'il est nul, il va s'en persuader et ne s'en sortira pas. »

Laurent Travers

© PICHON - DESCHAMPS / L'ÉQUIPE

La première ligne galloise explose comme du pop-corn sous la pression française en 1991 (à gauche).
À droite, ce sont les avants écossais qui subissent en 1985 face au quinze de France.

L'ADVERSAIRE

Détesté quatre-vingts minutes par semaine, il est éminemment respecté le reste du temps.

L'adversaire du première-ligne est un être à part dans son existence. C'est quelqu'un qu'il aime à détester durant quatre-vingts minutes et adorer le reste du temps. Leur combat tête contre tête, les coups et les pressions qu'ils s'infligent font naître chez chacun d'eux une estime pour l'autre qui, dès lors, ne cessera jamais et qui souvent deviendra amitié. Beaucoup sont nées des plus grandes oppositions, Jean-Pierre Garuet et Armand Vaquerin, Manu Diaz et Pascal Ondarts. Chacun a ses préférences, ses bêtes noires. Pour les première-ligne, l'adversaire est une équipe mais très vite il devient un homme, son vis-à-vis, celui contre qui il va livrer son corps. Il y a une évidente relation charnelle entre ces gars. Ils se sentent, se cognent, s'attrapent, il y a ce lien que les autres n'ont pas, ce lien du corps à corps, de l'épreuve de force originelle. Celle qui fait mal au cou, au ventre, aux reins mais surtout à l'âme. L'adversaire est celui qu'il faut dominer, mais il convient de savoir ne jamais aller trop loin. Où s'arrête la domination où commence l'humiliation. De ça, ils ne veulent pas.
Une première ligne tient son adversaire comme son double, comme son ennemi du jour mais comme son frère de caste de demain, d'après-demain. À bien les écouter, il y a quelque chose de la chevalerie dans ce rapport entre eux, dans l'adversité et la reconnaissance.

©MONS / L'ÉQUIPE

IRB
2007
adidas

« J'ai souvent demandé à mon vis-à-vis des nouvelles de sa maman. »

Thomas Saint Martin

« **Avec Pascal Ondarts on s'est mis des séances énormes en mêlée.** On se rentrait dedans à grands coups de casque, les gars nous regardaient effarés, on avait le crâne tout gondolé. Une fois, son talonneur avait eu un mot malheureux à mon égard par rapport à mon passé. Je l'ai aligné. Pascal a reconnu que c'étaient des choses qui ne se disaient pas. Maintenant quand je vais chez lui, je passe des week-ends bien plus difficiles que nos mêlées…

Face à “la Garuche” *(Jean-Pierre Garuet)*, c'étaient également des matches très compliqués. Il était très fort des reins quand Pascal Ondarts, lui, avait des bras très puissants. Chacun ses spécificités. Il y a eu ce fameux match où l'arbitre nous a exclus tous les deux avec la Garuche. On se rentrait dedans, cap à cap, cela faisait un de ces bruits… J'ai dit à l'arbitre : “Pourquoi tu nous vires, on n'est pas bien, là, avec Jean-Pierre ?” On était tous les deux ouverts, en sang, et on est partis à l'hôpital dans la même ambulance. Et on nous a recousus dans la même chambre. »

Manu Diaz

Adversaires un jour, amis pour toujours. Parce que Christian Califano et Vincent Moscato ont été des adversaires coriaces, leur rivalité sportive les unit à jamais .

« **Forcément tu en viens à détester ton adversaire.** Mais tu te trouves dans une singulière dualité. Tu veux le détruire, tu as presque une haine contre lui et en même temps tu le respectes. Tu veux qu'il charge mais pas qu'il soit humilié. Un peu comme ces pilotes de chasse qui, pendant la guerre, détruisaient l'avion adverse mais sans vouloir tuer le pilote. »

Didier Retière

À la suite de nombreux mauvais gestes et d'erreurs d'arbitrage, la tension monte dans le derby landais entre Dax et Mont-de-Marsan, en finale du Championnat de France 1963. Cette rencontre restera comme l'une des plus vilaines finales de l'histoire.

« Flexion ! Touchez ! Stop ! Entrez ! » C'est par ces mots que les première-ligne rentrent désormais en contact pour nouer une relation musclée. Qui, avec le temps, peut devenir fraternelle.

« **Avant le match, je n'ai jamais serré la main de mon vis-à-vis.** Jamais. Ce qui est sûr c'est que je me concentrais beaucoup plus quand je voyais que le gars pesait 75 kilos que face à un gros de 130 kilos. Il me tardait que la première mêlée arrive. Pour bien rentrer dans un match, rien ne vaut un bon coup d'envoi dans les tribunes et mêlée d'entrée. Quand il y avait Toulon-Biarritz, il y a des mecs qui faisaient 200 km pour voir Diaz et Ondarts s'affronter. Il n'y a jamais eu de saloperies entre nous. Pour son dernier match, tous ses piliers adverses se sont rendus à Toulon pour lui offrir un jubilé surprise ! »

Pascal Ondarts

« **En vingt ans de carrière, il n'y a peut-être que cinq gars avec qui je n'ai pas partagé l'après-match.** En équipe de France jamais. Avec Pascal Ondarts, on s'est foutu des pelées historiques : il jouait pour Biarritz et moi pour Bayonne. Quand on jouait l'un contre l'autre le dimanche, forcément dans la semaine, il nous arrivait de nous croiser en ville. On ne s'adressait pas la parole, et si nos regards se rencontraient, il y avait déjà affrontement. Sur le terrain, on était les plus grands ennemis, à se griffer ! Mais une fois le coup de sifflet final, on devenait des amis inséparables, on passait la nuit ensemble et le lundi au petit matin, c'est lui qui me ramenait au boulot. Directement de la troisième mi-temps. »

Pierre Dospital

L'ADVERSAIRE

« Quand j'ai commencé en Première Division, j'avais 17 ans, j'étais blondinet avec une mèche et je me trouvais face à des gars de 37 ans, affreux, méchants et surtout cruels. »

Philippe Dintrans

« Je m'en fiche pas mal de l'adversaire. Je ne le respecte pas plus que ça, je n'ai pas envie de le respecter. Je respecte la règle, mon groupe mais, lui, non ; lui j'ai envie de l'annihiler, de le voir disparaître. De le voir sortir battu. »

Cédric Soulette

« Les talonneurs contre lesquels j'ai le plus souffert, c'étaient plutôt les talonneurs pas très grands et très denses, comme Yannick Bru, Sébastien Bruno, Jean-Baptiste Rué. Ou Michel Konieck. Lui, quand je l'affrontais, la veille du match j'avais du mal à trouver le sommeil. Il faut le dire, c'était de la peur mais une peur qui au final te rend lucide. T'oblige. »

Mathieu Blin

« L'autre jour j'ai croisé Jordana, qui a joué à Pau puis à Toulouse. J'étais super heureux de le voir. On a parlé quoi, dix minutes, on ne se connaît pas vraiment, on n'a rien en commun et en même temps on a tout en commun. Puisqu'on a partagé notre jeunesse. »

Vincent Moscato

Irlande-France en 1977. Robert Paparemborde, Alain Paco et Gérard Cholley défient du regard leurs homologues irlandais avant l'impact. Tout cela se terminera par une bonne Guinness.

« La plus belle des reconnaissances, elle ne vient pas de ton demi d'ouverture ou d'un de tes trois-quarts. Elle te vient de ton adversaire. »

Andrea Lo Cicero.

« **Lors du Tournoi 1992, j'accompagne Manu Diaz à l'hôtel de l'équipe de France.** On y retrouve Pascal Ondarts, Manu me présente. Ondarts m'interpelle : “Dis gamin, quand tu rentres en mêlée, tu les fermes les yeux ?” Je me suis dit, toi, tu me chambres, mais un jour je jouerai contre toi et tu verras si je ferme les yeux. Or cette saison-là, on a retrouvé Biarritz en finale… À la fin du match, Ondarts a déclaré : “Le premier pilier m'a entamé (c'était moi) et quand le rouquin (De Rougemont) est entré, il m'a achevé.” Une belle reconnaissance de sa part. La saison suivante, on a été sélectionnés ensemble en tournée avec les Barbarians. Le soir, je suis allé le voir et je lui ai demandé : “Alors, je les ouvre ou je les ferme les yeux en mêlée ?” Il m'a sourit et m'a dit : “Tu les ouvres grands…” On ne s'est pas quittés de la tournée… »

Michel Périé

« **L'adversaire, on peut aller vers des choses pas très sportives à son égard.** Mais le respecter néanmoins. Après le match, quand on a dominé, on va lui serrer la main, c'est une façon de lui signifier aujourd'hui tu sais qui c'est le patron. Mais c'est la même chose lorsque tu as été dominé, la logique c'est que lui vienne te saluer et de la même manière tu reconnais sa supériorité, comme un acte de soumission sur l'instant. Et puis dix ans après, quand la guerre est finie, tu vas prendre une bière. Sans rancœur aucune. Enfin, moi je n'en ai pas. »

Cédric Chaubeau

Chapitre 10

LE RESPECT

On s'étripe joyeusement mais dans le respect de l'autre.

C'est le mot essentiel, le mot récurrent, le mot auquel ils sont le plus attachés. Il y a un véritable code d'honneur qui régit les lois de la première ligne. Ils tiennent à la dignité de leur affrontement. Alors bien sûr, il s'en passe sous la mêlée, mais s'il arrive ici et là quelques mauvais coups, quelques avanies, cela reste marginal en regard des sentiments qu'ils ont les uns pour les autres une fois le match terminé. On n'entendra jamais un joueur de première ligne gloser sur son adversaire. Chacun sait la difficulté de la tâche. Même de vives rivalités, comme entre Mathieu Blin et Benoît August, n'entameront jamais le respect que l'un aura pour l'autre. Et souvent, bien après le dernier coup de sifflet, il en sort des amitiés tenaces. « Parce qu'il n'y a plus la compétition entre nous, explique Vincent Moscato, il ne reste que le respect. »

6

LABO FRANCE
Kappa
92
Dove MEN+CARE

Franche explication sur cette mêlée écroulée, lors de Clermont-Racing Métro en 2010, entre Davit Zirakachvili et Andrea Lo Cicero, tandis que John Leo'o s'endort sur le ballon.

« L'adversaire, on est là pour le dominer, pas pour le détruire. »

Didier Sanchez

« **Après une opération pour une hernie, j'étais resté huit mois sans jouer.** J'avais énormément d'appréhension, de crainte, j'avais perdu toute sensation. Je me suis alors dit que le mieux était de reprendre contre Lourdes, car c'étaient des copains et que donc, ils allaient faire attention, me ménager. Première mêlée, je les vois tous les trois, Garuet, Cremaschi et Armary se mettre en place, ils étaient comme des fous. Qu'est-ce qui va m'arriver ? Ils vont me massacrer. J'y suis rentré en serrant les dents et…. ça c'est bien passé. Du coup, j'ai repris confiance. Lorsque je me suis relevé, Jean-Pierre *(Garuet)* m'a mis une petite claque dans le dos : alors "Fifi", finalement ça tient ! S'ils n'étaient pas rentrés durement comme ça, j'aurais longtemps gardé cette anxiété. »

Philippe Dintrans

« **J'ai un respect sans borne pour mes piliers Pieter De Villiers et Sylvain Marconnet** grâce auxquels j'ai pu faire la carrière que j'ai faite. Je sais pertinemment que sans eux je n'aurais pas pu évoluer à ce niveau. J'ai une dette éternelle à leur égard. Il faudrait vraiment qu'ils se conduisent comme des ordures pour qu'ils perdent mon respect. C'est certainement vrai pour partie de tous les talonneurs mais c'est particulier pour moi car ils m'ont sauvé la vie. Jusqu'au bout, j'aurais une pensée pour eux. »

Mathieu Blin

« Les matches contre les copains sont toujours durs. Car chacun veut montrer à l'autre qu'il le respecte. »

Philippe Dintrans

« **Il y avait quelques piliers qui n'avaient pas de respect.** Je me souviens d'un à La Voulte. Patou *(Paparemborde)* m'avait prévenu, il l'avait joué peu de temps avant et le gars lui avait fait de tout, lui avait craché dessus. Il voulait se payer les deux piliers de l'équipe de France. Il m'a fait pareil, des crachats, des insultes. Je l'ai coincé assez vite, ça l'a un peu calmé, ensuite on a emporté leur mêlée. Le pauvre, il est tombé par terre, je lui ai un peu marché dessus. Quand il s'est relevé, à la mêlée suivante, je lui ai dit : "Petit, surtout ne retombe pas !" En revanche, à Thuir, je me souviens d'un pilier plein de respect et lui, tu vois, notre mêlée avait pris le dessus, eh bien, on ne les a pas enfoncés, je n'ai pas cherché à l'humilier. »

Pierre Dospital

« **C'était le match contre les All Blacks du 1er juillet 1984 à l'Eden Park.** Il y avait en face Steve McDowell, Richard Loe et Sean Fitzpatrick. Je prends ce dernier pour cible en mêlée. On exerce la pression, il est pris, j'enfonce, sanction. Je sens que ses côtes craquent. Mais il ne dit rien, poursuit le match. Respect. C'est pourquoi je ne continue pas pour lui enfoncer la plèvre. Il a déjà subi, durement. Après le match, pas un mot. Ce n'est que vingt ans plus tard qu'il l'a avoué et que j'ai appris qu'il avait bien eu les côtes cassées. Il a dit aussi que j'avais été son plus âpre adversaire. C'est notre satisfaction à nous. Pas celle d'avoir gagné ou dominé l'autre. Non, simplement rentrer chez soi et de savoir que l'on a gagné son respect. »

Jean-Pierre Garuet

En novembre 2006, les Argentins (en haut Marcos Ayerza avec Raphaël Ibañez) gagnent le respect de la première ligne française après une courte défaite (26-27). Moins d'un an plus tard, lors de la petite finale de la Coupe du monde 2007 à Paris, ils gagnent tout court (34-10), après avoir emporté la mêlée française.

À droite, deux Argentins devenus adversaires au sein du Championnat de France. Omar Hasan défie Rodrigo Roncero, en 2006, lors de la demi-finale entre le Stade Français et Toulouse.

« **Des piliers de petits clubs de Division d'Honneur** qui parlent avec Garuet ou Armary auront toujours leur considération. »

Hervé Juillet

« **À la fin d'un match, tu peux être sûr qu'avec tes partenaires de la première ligne, dans les cinq minutes qui suivent on parle de la mêlée.** Si cela a marché, il n'y a pas besoin mais si cela n'a pas fonctionné, il faut qu'on l'évoque. Avec le pilier adverse aussi mais tout ce qui est dit est alors sans arrière-pensée. Si t'as pris l'ascendant, si t'as un mot pour lui ce n'est jamais pour l'accabler, car tu es dans la compréhension de ce qu'il a vécu. Tu peux lui mettre une tape sur l'épaule et c'est vraiment pour le réconforter et pas pour lui dire je t'ai mangé la soupe sur la tête. De même que lorsque je sais que j'ai en face de moi un jeune qui débute, si je sens que je peux lui donner le coup de grâce, je vais me retenir. Il y a de l'indulgence entre nous. Les cons s'excluent d'eux-mêmes. J'ai pas mal chambré durant ma carrière mais c'était une manière de prendre l'ascendant psychologique et à aucun moment un manque de respect. De toute façon, pour y arriver à ce poste, il faut être borderline. Mais on a cette tendresse les uns pour les autres. On sait la difficulté du poste, même si on n'use pas de mots pour se le dire. »

Sylvain Marconnet

LE RESPECT

Une fois le sang versé et l'affrontement consumé (comme ici entre David Kerr et Olivier Milloud lors de France-Écosse en 2005 ou, à droite, lors de France-Angleterre en 1966), il n'y a plus d'aversaire mais du respect.

« Il y a ces moments durant les tournées avec l'équipe de France ou les périodes de préparation en club, où tu te retrouves à faire de longues séances de mêlée en opposition à huis clos. Souvent l'entraîneur n'a pas encore choisi l'équipe, il n'a pas su ou pu décider qui est le maître à bord, alors il va dénouer ce problème par l'affrontement excessif entre les hommes du même groupe. Et chercher la faiblesse au plus profond de toi pour choisir. Toi, tu le sais, tu sais qu'il ne faut pas céder pour faire partie de l'aventure. Ce n'est plus une question d'orgueil, c'est que tout simplement tu veux en être.

Alors tu vas t'affronter, du premier impact jusqu'à l'épuisement des corps. Les valeurs sont équivalentes entre l'un et l'autre, la place va se jouer à grands coups de cigare. C'est la dimension extrême. Tu ne fais pas quinze mêlées comme durant un match, tu fais quarante mêlées en opposition, toutes plus dures les unes que les autres. C'est l'épreuve de force ultime, il faut survivre.

Les mêlées recommencent. C'est une histoire qui s'écrit en toi avec ton copain, adversaire du jour. Tu t'observes et tu vois en l'autre de grosses valeurs. Et puis ça continue. Une heure, puis une heure trente. La rupture est là, toute proche, tu sais que si tu cèdes, c'est cette dernière image qui restera et occultera tous les autres efforts. Alors tu ne lâches pas. C'est un moment grave, tu ne prends pas l'intervalle, tu sais qu'il faut prendre la cabotte du mec en face, cela ne fait pas plaisir, c'est une agression, c'est violent, mais c'est une question de survie. Alors à ce moment -là, le regard que tu partages avec cet homme en face… ce regard-là… il s'écrit en toi. Tu te racontes quoi après ? Rien, tu restes tranquille. C'est juste beau. »

Cédric Soulette

« Le paradoxe, c'est qu'on s'emploie à vouloir prendre le dessus sur l'adversaire mais sans vouloir l'humilier, ni lui faire mal. Je me souviens d'un ou deux matches où Nicolas Mas avait pris le dessus. S'il avait continué, il aurait pu me faire mal. Il s'est arrêté avant. De sorte qu'il a gagné à la fois son match mais aussi le respect. »

William Servat

« Quand on joue talonneur, le premier combat que l'on doit gagner, c'est le respect de ses piliers et de sa deuxième ligne. »

Yannick Bru

« C'était lors d'un match à Biarritz où il y avait une grosse bataille en mêlée. En face, un joueur avait la réputation de mettre des grands coups de chausson quand les mecs tombaient au sol. Lors d'un regroupement, je me retrouve la tête par terre dans leur camp et je le vois arriver, je me dis : " C'est bon, tu vas charger." Et là, mon vis-à-vis en mêlée le prend et le repousse sèchement: "Non, pas lui". »

Pierre-Édouard Detrez

LES TROIS-QUARTS

La vision des Gros sur leurs petits et frêles camarades de jeu.

Ils sont l'altérité absolue. Ce que les Gros ne sont pas, et inversement. Il n'y a qu'au rugby où coexistent ainsi deux groupes distincts dans une équipe, avec ses codes, ses droits et ses devoirs propres. Les trois-quarts sont ces petites bêtes parasites qui vivent sur le dos de l'hippopotame. Elles le gênent souvent mais lui sont indispensables. Il y a un vrai jeu entre les gros de devant et les frêles de derrière, où les derniers passent leur temps à astiquer les premiers qui, d'un coup de patte, les punaisent au mur. Mais cette relation tumultueuse correspond à une vraie tendresse entre les uns et les autres. Chacun rêvant secrètement d'être fort ou d'être rapide.
Pour autant, il est vrai aussi que si première ligne et trois-quarts portent le même maillot, ils ne pratiquent pas toujours le même sport. Les uns vont durement arracher le ballon aux flammes de l'enfer pour les autres afin qu'ils en disposent à leur guise, qui d'une passe croisée, qui d'un cadrage-débordement avec le peigne dans le short et un clin d'œil à la fiancée dans la grande tribune. Alors, forcément, quand le ballon vient à tomber et qu'en conséquence les Gros doivent revenir de l'autre bout du terrain pour se filer en mêlée, une petite colère peut surgir, qu'une bonne bière au soir du match suffit le plus souvent à dissiper.

 « Des spectateurs privilégiés. »

Pierre-Édouard Detrez

La troisième mi-temps, comme ici à Dublin à l'issue d'Irlande-France en 1987, permet d'éviter que ce soient toujours les Gros qui payent pour que les trois-quarts trinquent. On reconnaît sur cette image : Philippe Dintrans, Pierre Berbizier, Jean-Pierre Garuet, Jean-Pierre Bastiat, Franck Mesnel, Alain Carminati, Daniel Dubroca, Denis Charvet, Pascal Ondarts et Jacques Fouroux.

« Les trois-quarts, il convient de les rectifier de temps en temps pour qu'ils n'oublient pas le respect qu'ils nous doivent. »

Manu Diaz

« **C'est la notion de facilité qui me vient à l'esprit.** D'un avant on dit qu'il est fort, d'un trois-quarts quand il est bon, on dit qu'il est facile. Voilà, des branleurs. Mais c'est ce que j'aime bien en eux. »

William Rebeyrotte

« **Quand ils faisaient trop les cons, on leur mettait quelques tourtes,** on les attrapait et on serrait un peu. Enfin pas trop fort, parce qu'on en avait besoin le week-end, des morpions. En tout cas, il ne fallait pas qu'ils se fassent attraper par Palmié et Imbernon. »

Pierre Dospital

« **Ils sont plus beaux, plus rapides, plus adroits que nous,** alors à un moment donné on doit leur imposer le respect. Et il n'y a pas cinquante moyens, faut les secouer. Et puis ils sont immatures, il y a un côté adolescent chez eux, irresponsable, on est donc souvent obligés de reprendre les choses en main. Mais une chose est certaine : nous on joue au rugby, eux à la balle. »

Didier Retière

« **Le trois-quart est culturellement dans le contournement** même lorsqu'il s'agit d'une difficulté, alors que le première-ligne, lui, est dans l'affrontement. Même s'il y a des contre-exemples des deux côtés. Le trois-quart, quand il fait une erreur, va rechercher tout de suite la réussite autrement. Tandis que le première-ligne va retourner à la difficulté première. »

Cédric Chaubeau

LES TROIS-QUARTS

« Les trois-quarts, quand ils voient une glace ils se regardent dedans, nous la glace on la suce. »

Sylvain Marconnet

Pratiquer deux métiers différents sur un même terrain n'empêche pas forcément de bien se comprendre. Ici, Louis Armary, Philippe Gallart et Christophe Deylaud, lors de France-Roumanie durant la Coupe du monde 1991. Ci-dessous : William Servat, Frédéric Michalak, à l'issue du match Perpignan-Toulouse en 2002. À droite, Jean-Patrick Lescarboura et Philippe Dintrans à la fin de la rencontre France-Galles en 1985.

« **J'ai beaucoup de tendresse pour eux.** Ils me mettaient en scène de façon favorable dans la vie. J'ai cette image de Franck Comba venant me haranguer avant une mêlée. Il me communiquait sa rage, sa solidarité, son admiration, quelque part son amour, je le sentais, c'était palpable. S'il avait pu faire la mêlée à ma place… Il en rêvait, on sentait ce désir. C'était magnifique. »

Cédric Soulette

« **C'était un match PUC contre LOU.** On avait emmené deux fois le pack adverse dans l'en-but en mêlée, c'est alors que l'entraîneur m'a sorti en me disant : “Je te sors parce que ça ne va pas en mêlée.” Je lui ai craché à la gueule et j'ai arrêté le rugby. Quand t'es entraîné par un trois-quart, des fois, t'as du mal à comprendre. »

Thomas Saint Martin

« **Les trois-quarts pensent qu'ils sont les stars du match.** C'est bien qu'ils le pensent. Car il n'y que ça qu'il leur reste. »

Andrea Lo Cicero.

« **Moi, quand les trois-quarts faisaient tomber un ballon,** j'allais voir le demi de mêlée et je donnais un tour de clé, ils ne voyaient plus le ballon du match. Ça suffit la branlette ! »

Philippe Dintrans

« **On ne fait pas le même métier.** Ils pratiquent un autre sport que le nôtre. Avec ses difficultés aussi, mais c'est autre chose. »

Nicolas Mas

« **Lorsqu'on achève l'entraînement,** on arrive aux vestiaires, les trois-quarts sont déjà douchés… C'est un mal nécessaire et puis on s'ennuierait sans eux. »

Dimitri Szarzewski

Eska
RTL
10

Chapitre 12

L'ESPRIT DU JEU

Le French flair, mais exprimé par les première-ligne.

« La première fois que j'ai joué avec le maillot rouge et noir du RC Toulon, raconte Thierry Louvet, c'était à Lourdes. Moi j'étais troisième-ligne, on m'a mis au talon. Je me suis régalé, je n'avais jamais joué à ce poste, et en face il y avait Garuet, Cremaschi, Donzelli, ça y allait à grands coups de cigare, j'ai passé un bel après-midi. Quand tu reviens de là, tu sais que tu es fait pour jouer au rugby. »

Thierry Louvet n'a jamais joué en première ligne mais il en a passé le rite initiatique. Bien sûr, ces postes ont évolué. On demande désormais beaucoup aux première-ligne, pousser, plaquer, courir… Toutefois, leur fonction première reste un rapport de force. Et celui-ci se joue sans ballon. C'est la raison d'être de ces postes, la lutte d'homme à homme, le combat de près. Dès lors, il s'écrit des histoires qui n'ont pas grand-chose à voir avec le lyrique des envolées de trois-quarts. Il s'agit plutôt d'escarmouches en tout genre, de regards brûlants et de marrons chauds. Mais on n'aurait jamais parlé de French flair si les gros de devant n'étaient pas allés s'échiner dans des endroits peu recommandables.

« Aucun penseur n'oserait dire que le parfum de l'aubépine est inutile aux constellations », assurait Victor Hugo dans *les Misérables*. Il est ici question des épines.

© LEGROS / L'ÉQUIPE

« Si j'avais avancé en mêlée, poinçonné deux ou trois gars dans les regroupements, j'étais content de mon match, même si je n'avais pas touché le ballon. Il y a d'ailleurs des matches où tu ne cherches pas à toucher le ballon… Une fois, j'ai joué troisième-ligne centre, j'avais marqué trois essais. Cela ne m'a pas plus du tout. Il me manquait quelque chose, la souffrance… »

Manu Diaz

« C'est un poste où il te faut aussi la connerie. Si t'as pas la connerie, tu ne peux jouer pilier ou talonneur. »

Didier Sanchez

« Pilier, il faut avoir faim. Nous étions tous des fils de fermiers, nous voulions nous extraire de notre condition, comme les boxeurs. La plage, on ne la voyait jamais. Aujourd'hui, les gars au Pays basque font dix minutes de voiture et ils vont surfer. Ce n'est pas un hasard si tu vois à ce poste des joueurs qui viennent de pays où ils connaissent des conditions économiques difficiles, comme la Géorgie. Avec cet état d'esprit : ne jamais céder. »

Pierre Dospital

« Le demi d'ouverture avait pour consigne d'expédier le coup d'envoi directement dans les tribunes. Mêlée au centre et on relevait. Pim, pam, poum ! C'était systématique. Comme ça les gens arrivaient à l'heure pour le coup d'envoi. »

Gérard Cholley

Jean-Pierre Garuet, Michel Cremaschi lors de France-Irlande en 1985. Parfois, il arrive que les Gros touchent le ballon… où l'adversaire, comme Christian Califano (à gauche) lors d'un Toulouse - Racing Métro.

« Tu avances, tu recules, tu montes, tu descends,
tu prends des poires, t'en mets, tu couines,
tu fais couiner. Le pied ! »

Thomas Saint Martin

« Nous vivons sur le terrain des grands moments d'incompréhension. Parfois tu sors de deux mêlées, t'es mort, et tu vois un trois-quarts qui relance le ballon. Je me souviens d'un de mes piliers qui, durant le match, avait poursuivi un de nos trois-quarts pour le taper parce qu'il n'arrêtait pas de relancer. »

Didier Retière

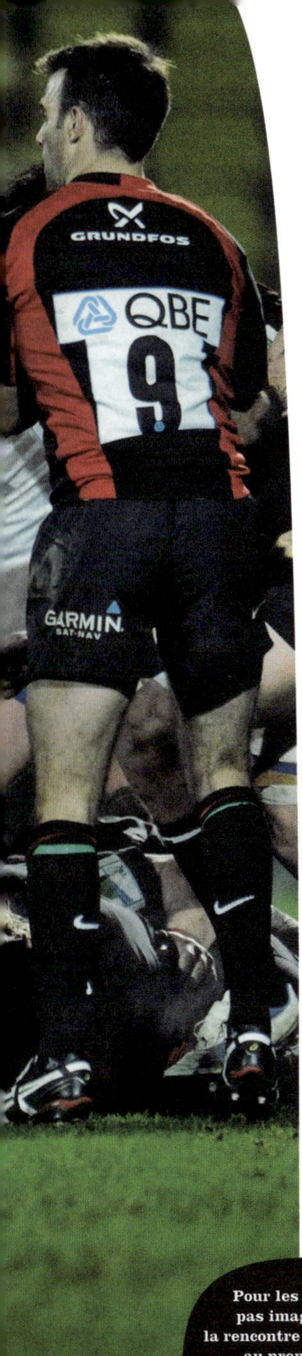

« Quand le rugby a commencé à devenir scientifique, ça m'a vite fatigué. Quand on m'a dit qu'il fallait que j'aille en zone deux pour couvrir… J'ai arrêté. »

William Rebeyrotte

« **Chez nous en Bourgogne, c'étaient plutôt les deuxième-ligne les rois de la tartine.** Des gars comme Franck Lhomme ou Aimé Génélot. Lui, il disait : “Je ne suis pas un grand joueur de rugby mais ce qu'on me demande de faire, je le fais bien.” Une sacrée gâchette. Une fois, en huitièmes de finale, la mêlée s'est relevée, lui et son acolyte ont poudré le talonneur et le pilier droit adverses. J'ai alors vu deux statues de sel s'effondrer. Touché, coulé ! Je revois toujours cette image comme dans un Tex Avery. »

Mariano Rabago

« **Je suis arrivé pilier par hasard.** J'étais deuxième-ligne et nous sommes allés faire un match à Avignon où il y avait une sacrée équipe de mercenaires. Le pilier devant moi était un gamin qui a pris peur. Alors je l'ai remplacé. Tout de suite, on m'a mis les doigts dans les yeux, quelques gifles, j'ai calmé les gars. Moi, j'étais boxeur, quart-finaliste du Championnat de France. Ça a vite réglé l'affaire. Le poste m'a immédiatement plu, comme une révélation. Je n'avais pas la morphologie à l'époque pour un pilier puisque je mesure 1,93 m. J'étais plus grand que mes deuxième-ligne, je prenais même des balles en touche mais j'avais un mental de guerrier. Ce n'est pas deux gifles qui allaient m'impressionner, j'en mettais quatre. Et puis, surtout, j'avais une grande force dans les jambes, je pouvais descendre très bas. »

Gérard Cholley

Pour les Gros, il n'est pas imaginable que la rencontre de rugby cesse au premier sang. À gauche, la rencontre de H Cup entre les Saracens et Clermont en 2010. À droite, Olivier Milloud en 2001 et l'Anglais Phil Blakeway en 1980.

© MARTIN - CARON - LUTTIAU / L'ÉQUIPE

LA CONFRÉRIE DES GROS Chapitre 13

L'APRÈS-MATCH

Les minutes, les heures, les jours qui suivent le combat comptent aussi beaucoup dans une vie de Gros.

L'arbitre vient de siffler la fin du combat. Dès lors, cette agressivité qui était la leur quelques minutes plutôt disparaît sur l'instant. Cet adversaire qui leur faisait face et qu'il s'agissait de dominer par presque tous les moyens, devient aussitôt un homme brave qui a honoré (ou pas) sa fonction. Ils prennent toujours le temps de se saluer, de se lancer un regard dont la signification n'appartient qu'à eux et regagnent le vestiaire. Forcément d'un pas plus las que leurs amis trois-quarts. Ils ont à l'esprit le sort du match, bien sûr, mais plus encore l'issue de leur combat devant, de la manière dont ils sont sortis du duel. Il y a alors un quart d'heure un peu hors du temps où ils évacuent la dureté de l'affrontement. Ils rentrent en eux-mêmes. Puis peu à peu reviennent à la réalité. Très vite ils abordent le sujet, c'est-à-dire les mêlées livrées, gagnées ou perdues. Puis vient le temps de la première bière. Quelquefois une autre suit.

La déception de Fabien Barcella, en novembre 2009, après la défaite subie face aux All Blacks (12-39). La France a vécu une marée noire. La gueule de bois est sévère.

L'APRÈS-MATCH

« Durant les troisième mi-temps, les plantes qui étaient à côté de Jean-Pierre Garuet avaient une durée de vie très courte, il vidait son verre dedans. En revanche, maintenant qu'il a arrêté, plus aucune ne meurt. Il ne renverse plus rien. »

Philippe Dintrans

« Je me souviens d'un match en Irlande. J'avais châtié en mêlée le rouquin McLoughlin. Après la rencontre, il m'a présenté à tout le monde au banquet, à toute sa famille. Après il a voulu prendre sa revanche à la Guinness. Mais il s'avère que moi, la Guinness, j'adore ça. Lui a commis l'énorme erreur de boire également du vin. C'est sa femme qui l'a récupéré. Ses deuxième-ligne se marraient, ils me disaient : “ Là aussi, tu l'as plié”. »

Pierre Dospital

« Tu ne parles pas forcément avec ton adversaire direct après les matches mais le regard que tu lui portes ne sera jamais de la même teneur que celui que tu lances aux autres joueurs. »

Didier Retière

« Quand tu gagnes un titre, ce qui est beau ce sont ces quelques secondes où tu prends la mesure de l'excessivité des émotions et des sentiments, que tu te détaches de ton corps et que tu te vois au-dessus de cette foule, tu te sens habité par une grâce, t'es au bout de combats nombreux que tu as dépassés, quelquefois avec un peu de chance dans des matches clés, pour vaincre avec conscience et lucidité. »

Cédric Soulette

« Je n'ai jamais eu un commentaire désobligeant vis-à-vis de mes adversaires. Je n'ai pas de considération pour les piliers qui, après le match, disent que ça a été facile. »

Jean-Pierre Garuet

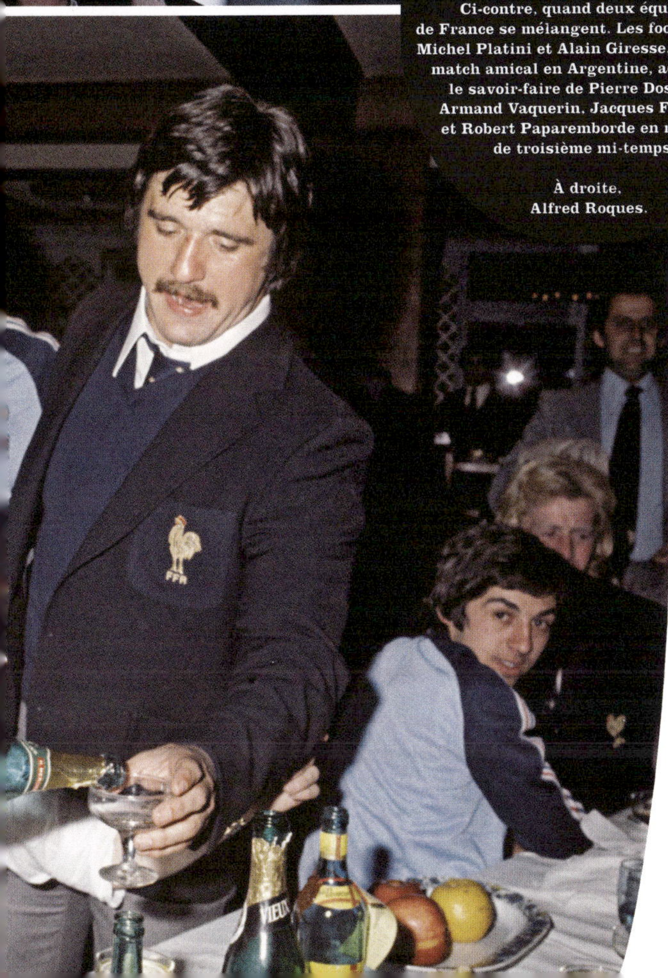

William Servat
et Cédric Soulette en 2003
dans les vestiaires de Lansdowne
Road, à Dublin, après la victoire
de Toulouse face à Pepignan
en finale de la H Cup.

Ci-contre, quand deux équipes
de France se méiangent. Les footballeurs
Michel Platini et Alain Giresse, après un
match amical en Argentine, admirent
le savoir-faire de Pierre Dospital,
Armand Vaquerin, Jacques Fouroux
et Robert Paparemborde en matière
de troisième mi-temps.

À droite,
Alfred Roques.

« **En première ligne à 25 ans, t'es déjà vieux.** T'as pris des coups, le nez abîmé, les arcades qui pendent. Mais après, tu ne changes plus. Dix ans après avoir arrêté t'as la même tronche qu'à 30 ans. Il y a juste la démarche un peu particulière, t'as du mal à te retourner. On te dit : "T'as mal au cou ?" Ça fait vingt-cinq ans que j'ai mal au cou. »

Vincent Moscato

« **On évite de parler après le match avec son vis-à-vis si on a pris le dessus, car on a toujours le respect de l'autre.** Même celui qui t'a ouvert le crâne. Surtout celui-là. Celui qui m'a arraché la gueule à la régulière, qui m'a foutu quarante points de suture, je l'invite à la maison. Même le tricheur, il fait le métier, il essaye à sa manière de relever le défi. Mais le gars qui a lâché vite et qui est ensuite rentré à 5 heures du matin, lui, je ne m'en rappelle pas. »

Pascal Ondarts

« **Si tu veux passer une bonne troisième mi-temps** avec tes collègues de devant, mieux vaut avoir été bon en mêlée fermée qu'avoir assuré tes lancers. »

Yannick Bru

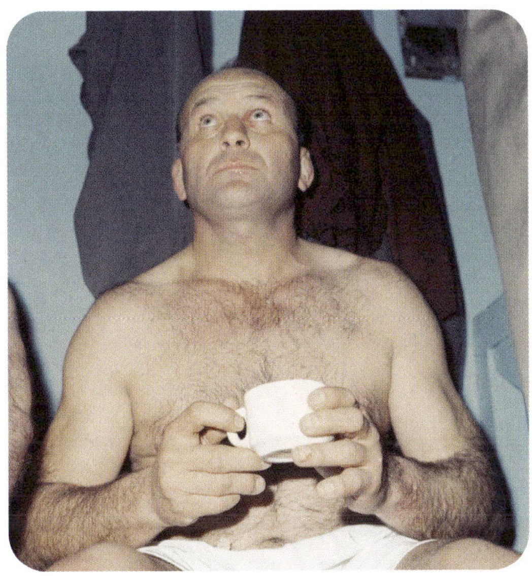

L'APRÈS-MATCH

Philippe Dintrans du rire aux larmes : heureux avec ses potes Robert Paparemborde et Pierre Dospital, après France-Angleterre, lors du Grand Chelem de la France dans le Tournoi des Cinq Nations en 1981 ; ou abattu après la défaite (6-18), au Parc des Princes, face aux All Blacks en novembre 1981.

« Moi, après le match, je n'arrive jamais à dormir. Toute la nuit je me repasse chaque mêlée dans la tête. Je ne peux pas faire autrement. »

Andrea Lo Cicero

« Le moment où tu rentres au vestiaire après le match est un moment rare. Ces dix ou quinze minutes où la pression retombe, c'est d'ailleurs souvent un moment silencieux, d'intériorisation, durant lequel tu as la sensation d'avoir fait ce qu'il fallait. »

Philip Fitzgerald

« Mon adversaire direct, j'ai toujours pris soin de lui courir après à la fin du match pour lui serrer la main, quoi qu'il se soit passé, même si on s'était battus. Surtout si on s'était battus. »

Philippe Dintrans

« Moi, ce que j'aime dans les troisièmes mi-temps c'est le brassage des hommes et des genres. L'ouvrier, l'artisan, le chef d'entreprise, l'étudiant en droit qui prennent une bière ensemble. Quand t'es jeune, ces rencontres de toute sorte te structurent. Pour certains comme moi qui bougeaient un peu, ça peut t'éviter de partir dans la connerie. »

Mariano Rabago

« Le lendemain de match, t'as le cou bloqué, mal aux cervicales, des courbatures dans le dos, des douleurs dans tout le haut du corps, ce sont des sensations particulières. »

Dimitri Szarzewski

Chapitre 14

SECRETS, ETC.

On ne leur a jamais demandé ou bien c'est un peu difficile à avouer. Les première-ligne jettent souvent un voile de pudeur sur leurs faiblesses ou leurs souvenirs les plus intimes.

Parfois, un seul geste peut raconter une vie. Donner une idée de ce que peut être la fonction. Ça dure toute l'existence ou une seconde, c'est un trait d'humeur ou d'humour, mais c'est l'œuvre d'un Gros et de nul autre. Il est vrai, aussi, que comme les magiciens ou certains artisans, ils gardent pour eux leur mystère de fabrication. Il y a, par exemple, ce pilier qui mangeait de l'ail avant les matches pour importuner son adversaire. Il y a celui qui balançait un marron dans le seul œil disponible de son adversaire borgne en lui souhaitant "bonne nuit", il y a celui qui mettait des bananes mûres dans les chaussures d'Olivier Merle juste avant un match, il y a celui qui, devant ses partenaires médusés, sortit du terrain pour assommer un trisomique qui, tout l'après-midi, l'avait insulté du bord de touche. Peut-être la première fois qu'on traitait ce handicapé en homme comme un autre. Il y a ainsi dans ces postes souvent une petite folie qui traîne ici ou là. Elle s'exprime au hasard d'un match, d'un avant-match. Et puis, ils sont bien souvent taiseux, les première-ligne, et tout particulièrement les piliers droits. Ils comptent leurs mots. Ce sont de grands prudents, en général. C'est rare qu'ils glosent sur le match passé et encore moins sur celui à venir. Ils savent trop qu'une seule phrase peut blesser l'orgueil de l'adversaire et décupler ses forces. Ils savent aussi qu'un mot peut blesser. Et ce sont des hommes d'une grande sensibilité. Alors ils gardent en eux leurs états d'âme mais aussi leurs petites histoires, leurs difficultés, mais également leurs satisfactions. Leurs douleurs et leurs joies sont muettes. Voici donc quelques sentiments cachés ou astuces arrachées à l'omerta.

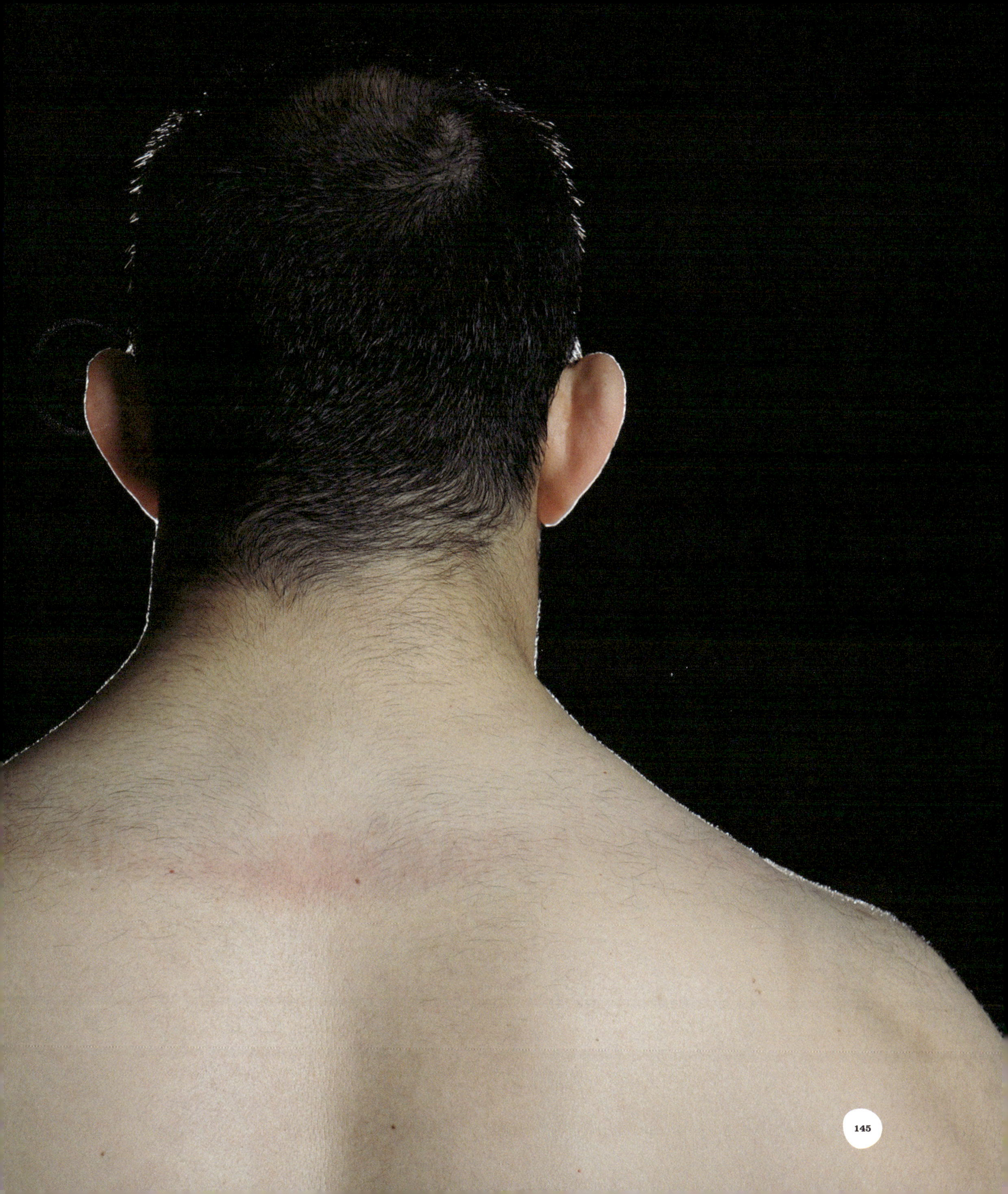

SECRETS, ETC.

« Très vite, quand tu parles de rugby avec un joueur de première ligne, tu finis par faire des mêlées parce que les mots ne suffisent pas pour expliquer, tu as besoin de sensations. Ce n'est pas un monde très verbal. »

Didier Retière

« **Mon premier maillot en équipe de France,** je l'ai donné à mon arrière-grand-mère Marthe, dont j'étais, grâce à ma carrière sportive, sur les dernières années de sa vie, une des raisons de vivre. Elle est décédée à 98 ans et s'est fait enterrer avec, ainsi qu'avec les articles me concernant qu'elle avait découpés. Elle entendait, disait-elle, les lire quand elle s'ennuierait dans son cercueil. »

Cédric Soulette

« **Une fois, juste avant le match dans le couloir des vestiaires,** mon adversaire me tire le maillot devant tout le monde. J'interpelle l'arbitre : "C'est quoi, ça ?" Il me répond : "Réglez ça sur le terrain, M. Dintrans." Quelques minutes plus tard, le gars s'écroule. Son capitaine va voir l'arbitre pour se plaindre et celui-ci de répondre : "Votre gars, il sait pourquoi". »

Philippe Dintrans

« **C'était un match très important à Tyrosse avec le Stade Dijonnais.** Nous menions d'un point dans les arrêts de jeu. Le combat était dur devant, la mêlée se relève et mon pilier droit, Mariano Rabago, dans un geste réflexe met une claque à son vis-à-vis. Il se retourne vers moi : "Excuse-moi, je n'ai pas pu m'empêcher." L'arbitre siffle pénalité. Ce gros gaillard, rude, guerrier, s'est mis alors à pleurer de rage de faire perdre comme ça toute l'équipe... Heureusement, l'ouvreur a manqué la pénalité. »

Didier Retière

« **Ce corps-à-corps de la mêlée, c'est inexplicable.** C'est une pathologie. Dans les banquets, les mariages, les communions, à la fin t'as toujours trois ou quatre cons qui finissent par faire une mêlée au coin du bar. Mais c'est pas des cons, c'est juste un besoin qu'ils ressentent. »

Vincent Moscato

« **Le talonneur au lancer doit être un tireur d'élite.** La position des pieds bien parallèles, le ballon derrière la tête. Le centre de gravité bien placé, le corps relâché pour ne pas avoir à forcer comme les golfeurs. Mais lorsque tu réussis à déposer le ballon dans les mains du receveur, avec le bon timing, une belle courbe, c'est kiff absolu. Aujourd'hui que j'ai arrêté ce jeu, c'est ce qui me manque, ce geste, je me surprends dans la vie quotidienne à me le refaire dans la tête. »

Mathieu Blin

« **J'ai longtemps été catalogué comme mauvais lanceur.** Cela me mettait encore plus de pression. Et si je manquais un lancer, alors le doute s'emparait de moi, je gambergeais. J'en souffrais. Je travaillais comme un fou, une heure par jour quatre fois par semaine. C'était une obsession. Je pensais tout le temps à ce geste. Et puis j'ai fini par prendre conscience. Maintenant, je lance juste une dizaine de minutes deux à trois fois par semaine, pas plus. Juste pour me rappeler le geste. J'ai résolu le problème, je suis apaisé. »

Dimitri Szarzewski

Le lancer en touche, comme ici lors d'un entraînement de Bourgoin en 2010, est une obsession, une maladie cachée du talonneur.

SECRETS, ETC.

La Section Paloise à l'entraînement à la mêlée en 2006 : Romain Terrain, Karim Kouider, Olivier Sourgens, Stéphane Delpuech.

« C'était un 27 décembre lors d'un match à Bourg-en-Bresse. Nous étions une jeune et frêle équipe du PUC. On menait 5-3, il ne restait que quelques minutes et on se trouvait à devoir livrer plusieurs mêlées d'affilée vers notre en-but. Notre capitaine, Éric Viole, nous haranguait, nous faisait croire à chacune de ces mêlées que si on tenait on gagnerait le match. On l'a cru. Cinq fois de suite on l'a cru. Et on a tenu. On s'est étreints à la fin du match comme si on était champions du monde et on a fait une fête énorme en rentrant à Paris dans la “Vallée de la soif”. C'est un souvenir pour moi qui rend compte assez bien de la solidarité et de la connerie dont il faut faire preuve à ce poste. Car il faut bien l'avouer, pour jouer première-ligne, il vaut mieux être un peu con que très intelligent. »

William Rebeyrotte

« Jacques Fouroux m'avait demandé de collaborer à la préparation médicale de la Coupe du monde en 1987. Nous avons alors essayé de mettre en place un suivi médical. Par exemple d'essayer d'intervenir au niveau de la diététique. Disons qu'il ne fallait pas être d'une rigueur scientifique absolue, et le fait d'avoir joué pilier m'a servi. J'ai fait bouger les lignes sans dogme. Il n'était ainsi pas imaginable de supprimer le vin à table en première intention. On a donc procédé à une politique de petits pas en jouant sur les quantités à ne pas dépasser. »

Gérard Dine

« **Le joug c'est notre mur des Lamentations. C'est un drôle d'objet, un truc moyenâgeux, posé sur un coin de pelouse. C'est l'inquisition qui vient dans les clubs torturer les première-ligne.** »

Vincent Moscato

« **C'était un match en juniors avec le LOU face à Toulon.** On avait pris la leçon en mêlée tout l'après-midi. Une horreur. Ils menaient 6-0, c'était la fin du match et voilà une dernière mêlée à 5 mètres. On aurait fait 150 mêlées ce jour-là, les 150, ils nous auraient démontés. Mais celle-là c'était la nôtre. Je l'ai senti en voyant mon vis-à-vis. Il y avait quelque chose dans ses yeux qui me disait que c'était notre moment. Ce regard certainement, un regard qui est venu je ne sais pas comment ni pourquoi, peut-être ce refus de subir une dernière fois, une fois de trop. On ne s'est rien dit avec mon talonneur et l'autre pilier, mais quelque chose nous a unis, là, à cet instant. Et on les a emportés. Essai transformé, on a gagné 7-6. »

Cédric Chaubeau

« **Un match à La Voulte contre Lourdes.** On faisait une partie de pétanque pour se relaxer un peu le matin du match. Car les esprits étaient remontés. Alain Lubinosvki et Jacques Constantino ont alors pris les boules de pétanque chacun leur tour, les ont jetées en l'air et ont mis un coup de tête dedans comme des footballeurs. C'est arrivé à moi. Je me suis baissé, j'ai ramassé le cochonnet et j'ai fait une tête avec… »

Jacques Rougerie

« **Si je n'avais pas été pilier j'aurais été dentiste.** En tant que rugbyman, je n'ai jamais réparé une dent mais, en revanche, j'en ai fait tomber quelques-unes. »

Andrea Lo Cicero

« **Il y en a beaucoup** qui avec un litre de Ricard dans le cornet voulaient me tuer. Je suis toujours vivant. »

Jean-Pierre Garuet

« **J'étais toujours le premier à arriver quand l'arbitre sifflait une mêlée.** Même fourbu, je sprintais pour arriver le premier, je m'en faisais un devoir. Et là, mon talonneur, je ne le lâchais plus des yeux. Je m'étais juré d'arrêter le rugby le jour où je verrais le numéro de mon talonneur adverse, ce qui signifierait que ce jour-là il était arrivé avant moi et que c'était le début de la fin. C'est ce que j'ai fait. »

Philippe Dintrans

« **Quand tu te relèves d'une mêlée, tu vois parfois des étoiles.** C'est comme si tu te réveillais, tu sors du noir. Faut que tu reprennes les informations qui viennent du dehors, qu'est-ce qui se passe dans la vraie vie. Tu sors de quelque chose et il te faut reprendre pied avec la réalité. »

William Rebeyrotte

« **Sur un côté fermé annoncé, si t'avances de dix centimètres,** que tu tournes un peu la mêlée pour éloigner le défenseur qui veut monter sur Blanco qui arrive lancé, c'est bon ! Quand Serge revient de l'essai, il te lance juste un petit regard, ça suffit. Mais qui peut comprendre ? Que les gars du bâtiment ! »

Jean-Pierre Garuet

Qu'il s'agisse d'un stage
de l'équipe de France
en 2006 (avec Dusautoir,
De Villiers, Szarzewski
à la poussée) ou
de l'entraînement des avants
de Toulouse en 2009,
le joug est toujours
au programme.

« Une bonne mêlée, ce doit être comme une table, tu dois pouvoir poser un verre dessus. »

Philippe Dintrans

« **Mon père jouait première-ligne, je ne voulais surtout pas faire cela.** Il a joué vingt-cinq ans pilier en Deuxième Division. Il a dû toucher un ballon dans sa vie et tous les dimanches il allait se faire recoudre à l'hôpital. Ça ne m'a pas trop donné envie. Mais avec les années, je m'élargissais davantage que je ne grandissais. J'ai appris en côtoyant nos aînés. Pas grâce à de grands échanges verbaux, mais par des petits conseils qui m'ont énormément servi. Je me souviens de trois mots de Garuet sur mes placements un jour durant le Challenge Vaquerin lors d'un apéro mortifère. Cela m'a énormément aidé. Mais l'expérience se fait dans la souffrance, il faut beaucoup d'années pour se sentir à l'aise. »

Sylvain Marconnet

« **Avant notre finale de Coupe d'Europe face à Leicester, on nous promettait l'enfer en mêlée.** Face à nous il y avait la première ligne de l'équipe d'Angleterre. Des monstres. En face, Crespy et moi on nous appelait les pins. Mais on ne voulait pas être ridicules et surtout on ne voulait pas être la cause de la défaite de notre équipe. Alors on s'est employés à mettre en place des stratégies pour contourner le problème. On anticipait l'impact pour ne pas subir. Comme ils étaient grands et forts, on réduisait la distance pour qu'ils ne puissent pas s'installer. À d'autres occasions, on refusait l'entrée en mêlée. Et nous sommes devenus champions d'Europe. Nous n'avons pas subi comme annoncé. En mêlée, ce n'est pas toujours le plus fort qui gagne. »

Laurent Travers

« **Les plaisirs que je retiens, ce sont des plaisirs de respiration.** C'était quelque chose de personnel, très fort, et qui me manque. Absorber le bon volume d'air c'est ce qui te permet de rester en maîtrise avant l'impact. C'est ce qui va te permettre de gérer avec de la réserve ce qui va suivre. Avec cette maîtrise de la respiration et du gainage de l'axe cou, lombaire, abdominaux, une fois que tu t'es sécurisé sur tes bases, tu peux t'adapter, adopter des positions différentes, éviter la systématisation, travailler l'adaptabilité et ouvrir la gamme des possibilités. La progression à ce poste ne s'effectue jamais au travers d'une révolution, c'est une évolution consciente et constante avec cet adage : ne te refuse rien. »

Cédric Soulette

« **À Toulon, tu regardes souvent le planxo** (tableau d'affichage), pas pour connaître le score mais pour savoir quand ça va s'arrêter. »

Vincent Moscato

L'inauguration d'un simulateur de mêlée à Marcoussis en 2009. La machine, sorte de robot métallique, est testée par Nicolas Mas, Dimitri Szarzewski et Thomas Domingo.

Chapitre 15

LONGTEMPS, LONGTEMPS APRÈS...

Regrets, espoirs, testaments... Même après le rugby, la condition de Gros ne s'oublie jamais.

C'est une fonction plus que les autres qui invite à la nostalgie. Pour une raison essentielle, c'est que la plupart des joutes des première-ligne l'ont été à l'abri des regards. Il n'y a pas d'image ni de récit, alors ils éprouvent parfois le besoin de se rappeler, d'en parler entre eux. Et puis, plus que d'autres, leur corps se souvient qu'ils ont joué à ce poste. Ce passé résonne au travers d'un cou qui grince, d'une nuque fragile ou un dos capricieux. Première-ligne un jour, première- ligne toujours. Alors, forcément, les propos de ces gens s'attardent comme un ciel de traîne. Il y a des choses qu'ils n'ont pas dites, des regrets parfois, des souvenirs à mettre au clair. « Longtemps après... » est un chapitre qui s'est imposé parce qu'à la fin des conversations il restait quelques mots importants qu'il aurait été dommage de garder pour soi. Parce qu'ils sont une façon de mettre un terme à ce livre, de le clore en douceur. Une forme de dernier soupir. D'adieu aux armes.

Lors du séminaire des avants, en 2007 à Marcoussis, Jean-Pierre Garuet, Didier Sanchez et Philippe Marocco se sont retrouvés avec plaisir.

LONGTEMPS, LONGTEMPS APRÈS…

« Une fois, en chambrant, j'ai vexé l'homme et pas le joueur, et ça je le regrette. J'étais mal. Une autre fois, avec Delpuech, à la suite de mes paroles, il a dégoupillé et il a pris une sanction un peu lourde. C'est un regret que j'ai. »

Sylvain Marconnet

« **Après les matches à Béziers, j'allais dormir chez Armand Vaquerin.** Nous étions liés, et pourtant dieu sait ce que les matches l'un contre l'autre étaient durs. Les Biterrois ont dominé tout le monde dans le rugby français, j'ai un immense respect pour cette équipe. Mais, parfois, à Lourdes, ils ont pu connaître un peu de difficulté. Quand j'allais chez lui donc, la mamma me recevait. Son fils, même s'il était un pilier redouté, restait son petit. Quand il est mort des suites d'une roulette russe qui a mal tourné, nous nous sommes retrouvés nombreux à son enterrement. Nous attendions avant la cérémonie devant la maison lorsque quelqu'un envoyé par sa maman est venu me chercher. Elle a fait venir de deux ses amis, de ses frères de mêlées, deux de ces adversaires coriaces, Manu Diaz et moi, pour refermer le cercueil et dire un dernier adieu à son petit… Ainsi, nous serons restés l'un en face de l'autre jusqu'à la mort. »

Jean-Pierre Garuet

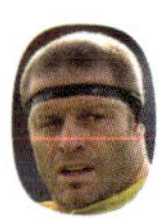

« **Fin 2003, à Toulouse, j'avais un sentiment d'injustice et j'ai nourri de la haine contre Serge Laïrle.** Je lui ai dit des mots pas gentils, je lui en voulais. Et ce n'est vraiment pas bien. Ce n'était que du sport et je regrette profondément d'avoir eu ces pensées à son égard. C'est laid. Mais ma fierté, c'est de le lui avoir dit quelque temps plus tard. De m'être excusé d'avoir mal pensé. Il ne faut pas s'arc-bouter sur des positions à la con. Dans la vie, faut se délester au maximum de cet orgueil-là. »

Cédric Soulette

Une fois évacuée la tension inhérente aux matches à gros enjeu, comme pour ce Stade Français-Perpignan en 2009 ou lors de France-Écosse en 2011, il reste entre les première-ligne un lien indéfectible.

« **Paparemborde était un grand pilier.** Une fois, j'ai fais un truc pas vraiment dans l'esprit face à lui. Pas bien quoi. Aujourd'hui, il est mort et je regrette toujours ce truc. D'autant qu'on n'en a jamais reparlé avant son décès… »

Manu Diaz

« **C'était un match Le Creusot-Montchanin au Creusot.** On gagne 7 à 3 sur une mêlée enfoncée. Vingt ans après, je me souviens de chaque instant de cette mêlée, comment on est descendus très bas pour remonter nos adversaires, la violence de la poussée. Ce soir-là, on aurait marqué cinq essais avec des passes sautées, jamais on n'aurait été des héros comme ce jour-là en ayant gagné le derby sur une mêlée. »

Didier Retière

« **Quand j'ai arrêté le rugby, ce qui m'a le plus manqué, c'est la mêlée.** Parfois, quand je retourne à Gaillac et que je vais traîner au stade, je vais voir le joug, je me surprends à me mettre en position et de pousser deux ou trois impacts, comme ça, pour essayer de retrouver ses sensations perdues. »

Vincent Moscato

« Longtemps après, il reste des vieux qui ont mal partout, mais qui sont de bonne humeur et respectueux d'autrui. »

Pierre-Édouard Detrez

Les piliers basques Jean-Louis Azarete, Pierre Dospital, Pascal Ondarts, et Jean Iraçabal, rassemblés pour la photo en 1987.

LONGTEMPS, LONGTEMPS APRÈS...

« Je sais que, plus tard, quand j'aurai arrêté, ce qui me manquera, c'est le rapport de forces. Je ne pourrai retrouver ça dans la vie de tous les jours. Ce sera d'autres défis, faire manger ma famille, avec d'autres difficultés. »

Nicolas Mas

« Moi, j'ai été un petit joueur de Première Division. Un anonyme. Un jour, j'ai recroisé Jean-Michel Gonzalez que j'avais affronté quand je jouais à Chalon. Ce mec, il a quand même battu les Blacks chez eux. Il se souvenait de moi. Je n'ai rien gagné, je n'ai jamais été champion de France, encore moins international, mais qu'un mec comme ça se souvienne de moi, c'est mon trophée. C'est peu, mais c'est immense. Et je suis sûr que des grands joueurs tels que lui, qui ont affronté les plus illustres première ligne du monde, ont en mémoire quelques anonymes comme moi, des pénibles qui ne ressemblaient à rien, mais qui les ont emmerdés le temps d'un match. »

Hervé Juillet

« J'ai rempli mon rôle avec détermination et abnégation, servi par un tempérament de feu. J'ai mis de l'orgueil à défendre le poste que l'on m'avait confié. Après, il faut en parler avec du recul et respecter quand la vie t'a souri. Car, à chaque palier, tu n'es pas toujours le premier de la classe. Tu deviens le premier envers et contre toutes les logiques préconisées par les observateurs. Une blessure en élimine un ou deux, les gens retiennent un exploit et te mettent au-dessus d'autres, qui ont la même capacité que toi. C'est ce qu'il faut dominer quand tu expliques un parcours, il ne faut pas raconter d'histoires, mais raconter l'histoire. »

Cédric Soulette

S'ils se croisent dans plusieurs années, les protagonistes de ce match France-Écosse en février 2011 auront certainement toujours à l'esprit les souvenirs de leurs âpres affrontements.

Un ouvrage réalisé par :
Bertrand Lacanal, direction artistique
et **Jean-Philippe Bouchard**, direction éditoriale.

Remerciements :
Au service photo de *L'Équipe* et particulièrement
à **Dominique Danne**, rédacteur en chef adjoint,
et **François Gille**, chef de service,
pour leur travail de recherche iconographique sans lequel
les Gros n'auraient pas été aussi bien mis en valeur.

Au service de correction de *L'Équipe*, dirigé par **Emir Harbi.**

Au service fabrication de *L'Équipe*,
Guy Jouno, Valérie Yarji et Patrick Pastor.

Photogravure :
Offset Publicité

ISBN13 : 978-2-363470-05-8
Dépôt légal : mars 2011

Achevé d'imprimer par Loire Offset Titoulet – Saint-Etienne (France)